# Aktienbörsen – Zinserhöhungen und Zinssenkungen

## Reaktionen der Aktienbörsen auf Zinserhöhungen/Zinssenkungen der EZB und der Fed

Ein Buch auch für Kleinanleger. Mit rund 50 nützlichen Tabellen und vielen Beispielen.

Klaus Normal

1. Auflage Oktober 2024

**Für eine erste Orientierung finden Sie hier ein Mini-Inhaltsverzeichnis für dieses Buch.**

- Zinserhöhungen der EZB, Reaktionen der Aktienbörsen
- Zinserhöhungen der Fed (auch Tapering), Reaktionen der Aktienbörsen
- Zinssenkungssignale der EZB und der Fed, Reaktionen der Aktienbörsen
- Vorfreude auf Zinssenkungen der EZB und der Fed, Reaktionen der Aktienbörsen
- Zinssenkungen der EZB, Reaktionen der Aktienbörsen
- Ängstliches, nervöses Warten auf Zinssenkungen der Fed, Reaktionen der Aktienbörsen
- Zinssenkungen der Fed, Reaktionen der Aktienbörsen
- Ausblick: Wie könnte es an den Aktienbörsen weitergehen?

Im Übrigen ist ein genauerer Blick in das Inhaltsverzeichnis immer hilfreich.

Das Impressum ist bei den Haftungsausschlüssen.

# Inhaltsverzeichnis

# Warum werden die Reaktionen der US-Börsen in diesem Buch analysiert?

Im Jahr 2023 lag der Umsatz bei der Börse Frankfurt und Xetra (Marktanteil 90 % an den deutschen Aktienbörsen) bei 1,2 Billionen Euro.

Dagegen betrug die Marktkapitalisierung bzw. das Handelsvolumen der New Yorker Börse (Dow-Jones-Index) im Jahr 2022 ungefähr 22,01 Billionen USD. Das Handelsvolumen der Nasdaq belief sich sogar auf circa 25,4 Billionen USD.

D. h., die US-Börsen sind viel, viel größer als die deutschen Börsen. Daher haben Zinsänderungen der Fed ein größeres Gewicht als Zinsänderungen der EZB. Auch Dax und MDAX reagieren auf Zinsänderungen der Fed. Dies gilt auch für Gerüchte und Prognosen, die in Zusammenhang mit möglichen Zinsänderungen der Fed stehen.

Um dies optisch zu unterstreichen, wurde dem Gebäude der Fed auf dem Cover dieses Buches mehr Platz eingeräumt als dem Gebäude der EZB.

Natürlich besteht ein Fremdwährungsrisiko, wenn man einen ETF auf einen US-Börsenindex kauft. Trotzdem kann es sich lohnen[1], statt einen ETF auf den Dax und/oder den MDAX zu kaufen, einen ETF auf einen US-Börsenindex zu kaufen.

# USA: Vergleich der Jahre 1973 bis 1982 mit den Jahren 2022 und 2023

Wie Sie aus der folgenden Tabelle erkennen können, werden Jahresinflation, Arbeitslosenquote und der höchste Leitzins im Jahr verglichen.

Von 1973 bis 1982 war also nicht nur die Inflation in den USA hoch, sondern auch die Arbeitslosigkeit. Dass führte zu sehr hohen Leitzinsen.

---

[1] Siehe 2. Auflage Buch „Aktienspekulationen" von Klaus Normal

| Jahr | Jahresinflation USA | Arbeitslosenquote USA | Höchster Leitzins |
|---|---|---|---|
| 1973 | 6,18 % | 4,9 % | 10,5 % |
| 1974 | 11,05 % | 5,6 % | 13 % |
| 1975 | 9,14 % | 8,5 % | 7,25 % |
| 1976 | 5,74 % | 7,7 % | 5,88 % |
| 1977 | 6,50 % | 7,1 % | 6,5 % |
| 1978 | 7,63 % | 6,1 % | 10 % |
| 1979 | 11,25 % | 5,8 % | 15,5 % |
| 1980 | 13,55 % | 7,1 % | 18 % |
| 1981 | 10,33 % | 7,6 % | 16 % |
| 1982 | 6,13 % | 9,7 % | 15 % |
| 2022 | 6,5 % | 3,6 % | 4,25 bis 4,50 % |
| 2023 | 3,4 % | 3,6 % | 5bis 5,25 % |

*Tabelle 1 USA: Vergleich der Jahre 1973 bis 1982 mit den Jahren 2022 und 2023*

Wie Sie sehen, war in den Jahren 1973 bis 1984 die Situation in den USA ganz anders als in den Jahren 2022 und 2024. Die Jahresinflation, Arbeitslosenquote und der jeweilige höchste Leitzins der Jahr 2022 und 2023 sehen im Vergleich zu den Jahren 1973 bis 1984 fast schon belanglos aus.

Dennoch war es alternativlos, dass die Fed im März 2022 eine Zinserhöhungsrunde startete.

In den Jahren 1973 bis 1984 musste die Fed abwägen, ob sie die Inflation oder die Arbeitslosigkeit bekämpfen soll. Dagegen musste die Fed ab dem Jahr 2022 nur die Inflation eindämmen.

## Die Aktienbörsen in den Jahren 1973 bis 1982

Wie haben die Aktienbörsen auf hohe Inflation, auf hohe Arbeitslosigkeit und hohe Zinsen in den Jahren 1973 bis 1982 reagiert? Die folgende Tabelle gibt Aufschluss darüber.

| Jahr | DAX | Dow Jones | S&P 500 | Höchster Leitzins |
|---|---|---|---|---|
| 1973 | -26,12% | -16,58% | -17,37% | 10,5 % |
| 1974 | +1,40% | -27,57% | -29,72% | 13 % |
| 1975 | +40,19% | +38,32% | +31,55% | 7,25 % |
| 1976 | -9,63% | +17,86% | +19,15% | 5,88 % |
| 1977 | +7,92% | -17,27% | -11,50% | 6,5 % |
| 1978 | +4,70% | -3,15% | +1,06% | 10 % |
| 1979 | -13,45% | +4,19% | +12,31% | 15,5 % |
| 1980 | -3,39% | +14,93% | +25,77% | 18 % |
| 1981 | +1,97% | -9,23% | -9,73% | 16 % |
| 1982 | +12,72% | +19,60% | +14,76% | 15 % |

*Tabelle 2 Die Aktienbörsen in den Jahren 1973 bis 1982*

Wie Sie aus dieser und der Tabelle zuvor erkennen können, führen hohe Inflation, hohe Arbeitslosigkeit und hohe Zinsen nicht zwangsläufig bei den Aktienbörsen zu negativen Jahresergebnissen. Da muss man also schon genauer hinschauen. Was in diesem Buch mit Bezug auf die jüngere Vergangenheit und mit Bezug auf die Gegenwart versucht wird.

MDAX und Nasdaq 100 wurde übrigens erst nach 1982 offiziell berechnet. Soweit Rückberechnungen für die Jahre 1973 bis 1982 existieren, wurden diese nicht berücksichtigt, da diese virtuell sind.

## Ist die EZB von der Fed unabhängig?

Formaljuristisch ist die EZB natürlich von der Fed unabhängig. Daher sind Sie vielleicht überrascht, dass diese Frage gestellt wird. Wenn die EZB die Zinsen ändern will, blickt sie dann nach New York zur Fed? Offiziell wahrscheinlich nicht.

In den letzten 20 Jahren gab es oft zeitliche Überlappungen bei den Zinserhöhungsrunden und Zinssenkungsserien von EZB und FED. Hier agierten EZB und Fed teilweise parallel. Siehe die folgende Tabelle.

| EZB Zinserhöhungen | 6.12.05-9.7.08 | Fed Zinserhöhungen | 30.6.04-29.6.06 |
| --- | --- | --- | --- |
| EZB Zinserhöhungen | 17.3.22-27.7.23 | Fed Zinserhöhungen | 27.7.22- 20.9.23 |
| EZB Zinssenkungen | 11.5.01-6. 6.03 | Fed Zinssenkungen | 3.1.01-25.6.03 |
| EZB Zinssenkungen | 8.10.08-13.5.09 | Fed Zinssenkungen | 18.9.07-16.12.08 |
| EZB Zinssenkung 1 | 12.9.24 | Fed Zinssenkung 1 | 18.9.24 |

*Tabelle 3 Zeitliche Überlappungen der Zinsänderungen der EZB und der Fed*

Die meisten dieser zeitlichen Überlappungen lassen sich leicht erklären.

Im Oktober 2022 stieg die Inflation in der Eurozone auf 10,6 % und März 2022 stieg die Inflation in den USA auf 8,5 %. Daher waren sowohl für die EZB als auch für die Fed Zinserhöhungen unvermeidbar. Da war der Inflationsdruck im Jahr 2005 in der Eurozone und in den USA wesentlich geringer.

Das Platzen der Dotcom-Blase, beginnend im März 2020 und die Finanzkrise 2008/2009 brachten Weltwirtschaft und Börsen ins Wanken, so dass EZB und Fed genötigt waren, die Zinsen zu senken. Wobei die Fed in beiden Fällen mit den Zinssenkungen begann.

Auch bei dem folgenden Beispiel ist es besser, wenn die EZB ein Auge auf die Fed wirft und in Gedanken nicht völlig autark handelt.

Durch Zinssenkungen der EZB kann der Zinsabstand zu den Zinsen der Fed so groß werden, dass Kapital aus der Eurozone abgezogen wird und das abgeflossene Geld in höher verzinste USD-Anleihen investiert wird. Dadurch steigt der Wert des USD, weil dieser nachgefragt wird. Weil der Wert des USD steigt, wird z. B. Öl teurer, da es in USD abgerechnet wird. So wird Inflation in die Eurozone importiert. Die EZB hatte die Zinsen aber gesenkt, weil sie davon ausgegangen war, dass die Inflation mit hohen Zinsen nicht mehr bekämpft werden muss. Die EZB kann also kein Interesse daran haben, dass der Zinsabstand zur Fed so groß ist, dass in der Eurozone die Inflation zurückkehrt. Daher ist die EZB in ihren Zinsentscheidungen von der Fed nicht völlig unabhängig. Hinzu kommt noch, wie bereits erwähnt, dass Zinsänderungen der Fed ein größeres Gewicht als Zinsänderungen der EZB haben.

# Zinserhöhungen der EZB

## Die 3 verschiedenen Leitzinsarten der EZB

Die EZB kann 3 verschiedene Leitzinsen festlegen, die unterschiedlich hoch sein können.

- den Hauptrefinanzierungssatz
- den Einlagensatz
- den Spitzenrefinanzierungssatz

Manche betrachten den Hauptrefinanzierungssatz, zu dem sich die Geschäftsbanken Geld bei der EZB leihen können, als den wichtigsten Leitzins der EZB.

Andere sehen in dem Einlagensatz, zu dem die Geschäftsbanken kurzfristig Geld bei der EZB parken können, den wichtigsten Leitzins der EZB.

Ein Streit um des Kaisers Bart. Hier in diesem Buch ist als Leitzins der EZB der Hauptrefinanzierungssatz ausgewählt. Wird also der Leitzins der EZB erwähnt - z. B. in den folgenden Tabellen – ist damit der Hauptrefinanzierungssatz gemeint.

## Die Zinserhöhungsrunde der EZB von November 1999 bis zum Oktober 2000

Nach der letzten Zinssenkung der EZB am 9. April 1999 gab es 7 Zinserhöhungen der EZB vom 5. November 1999 bis zum 6. Oktober 2000.

Dabei stieg der Leitzins (Hauptrefinanzierungssatz) der EZB von 2,5 % auf 4,75 %.

## Reaktionen der deutschen Börsen auf die Zinserhöhungen der EZB

So reagierten die deutschen Börsen auf die 7 Zinserhöhungen.

| Jahr | DAX | MDAX |
|------|------|------|
| 1999 | +39,10 % | +4,58 % |
| 2000 | -7,54 % | +13,93 % |

*Tabelle 4 Reaktionen auf 7 Zinserhöhungen der EZB*

In diesem Zeitraum gab es keine Zinserhöhungsrunde der Fed. Insofern liegt hier eine Ausnahme vor.

Dafür, dass im März 2000 die Dotcom-Blase zu platzen begann und der Leitzins bis auf 4,75 % angehoben worden war, war der Verlust des DAX mit -7,54 % nicht sehr groß.

Der MDAX hatte sich im Jahr 2000 noch besser geschlagen als der DAX. Völlig unberührt von 7 Zinserhöhungen und einem Zinsgipfel von 4,75 %.

Auch dieses Beispiel zeigt, dass Zinserhöhungen nicht zwangsläufig zu Kursverlusten an den Aktienbörsen führen müssen.

## Die Zinserhöhungsrunde der EZB von Dezember 2005 bis Juli 2008

Nach der letzten Zinssenkung der EZB am 6. Juni 2003 gab es 9 Zinserhöhungen der EZB vom 6. Dezember 2005 bis zum 9. Juli 2008.

Dabei stieg der Leitzins (Hauptrefinanzierungssatz) der EZB von 2 % auf 4 %.

Man muss bis in den Dezember 2005 zurückgehen, um den Beginn einer Zinserhöhungsrunde zu finden.

## Reaktionen der deutschen Börsen auf die Zinserhöhungen der EZB

So reagierten die deutschen Börsen auf die 9 Zinserhöhungen.

| Jahr | DAX | MDAX |
|------|------|------|
| 2005 | +27,07 % | +36,01 % |
| 2006 | +21,98 % | +28,63 % |
| 2007 | +22,29 % | +4,89 % |
| 2008 | -40,37 % | -43,21 % |

*Tabelle 5 Reaktionen von Dax und MDAX auf 9 Zinserhöhungen der EZB*

Dafür, dass der Leitzins der EZB bis Ende 2007 mit 8 Zinserhöhungen von der EZB auf 4 % erhöht worden war, entwickelte der DAX sich prächtig. Der MDAX schwächelte erst im Jahr 2007 etwas. Bis dahin konnte keine Rede davon sein, dass Zinserhöhungen zwangsläufig zu Kursverlusten führen. Auch weil die 17 Zinserhöhungen der Fed im Zeitraum vom 30. Juni 2004 bis zum 29. Juni 2006 keine Kursverluste bei DAX und MDAX bewirkten.

Im Jahr 2008 wurde die Zinserhöhungsrunde beendet, weil die Finanzkrise 2008/2009 schon voll im Gange war. Daher krachten beide Indices im Jahr 2008 ein. Ob und inwieweit beide Indices ohne die Finanzkrise mit einem Minus abgeschlossen hätten, weiß niemand.

## Die Zinserhöhungsrunde der EZB im Jahr 2011

Nach der letzten Zinssenkung der EZB am 13. Mai 2009 gab es 2 Zinserhöhungen der EZB vom 13. April 2011 bis zum 13. Juli 2011.

Dabei stieg der Leitzins (Hauptrefinanzierungssatz) der EZB von 1 % auf 1,5 %.

Diese kleine Zinserhöhungsrunde der EZB war die letzte Zinserhöhungsrunde vor der Zinserhöhungsrunde, die im Juli 2022 begann. D. h. über 11 Jahre lang, gab es von der EZB keine Zinserhöhungen.

## Reaktionen der deutschen Börsen auf die Zinserhöhungen der EZB

So reagierten die deutschen Börsen auf die 2 Zinserhöhungen am 13. April 2011 und am 13. Juli 2011.

| Jahr | DAX | MDAX |
|------|------|------|
| 2011 | -14,69% | -12,15% |

*Tabelle 6 Reaktionen auf 2 Zinserhöhungen der EZB*

Es handelte sich dabei um eine Mini-Zinserhöhungsrunde, denn der Zinsgipfel lag bei 1,5 %. Dennoch reagierten DAX und MDAX mit Kursverlusten.

In diesem Zeitraum gab es keine Zinserhöhungsrunde der Fed. Insofern liegt hier eine Ausnahme vor.

Nach der letzten Zinssenkung der EZB am 16. März 2016 gab es 10 Zinserhöhungen der EZB vom 27. Juli 2022 bis zum 20. September 2023. Damit wurde nach über sechs Jahren die Nullzinsphase in der Eurozone beendet.

Dabei stieg der Leitzins (Hauptrefinanzierungssatz) der EZB von 0,0 % auf 4,5 %.

Vom 17. März 2022 bis zum 27. Juli 2023 gab es 11 Zinserhöhungen durch die Fed. Es gab also hier eine große, zeitliche Überlappung der beiden Zinserhöhungsrunden. Die Effekte der beiden Zinserhöhungsrunden lassen sich nicht voneinander trennen. Dennoch gibt es aus mehreren, speziellen Gründen das Kapitel „Reaktionen der deutschen Börsen auf die Zinserhöhungen der EZB im Jahr 2022".

Reaktionen der deutschen Börsen auf die Zinserhöhungen der EZB im Jahr 2022

So reagierten die deutschen Börsen auf die 4 Zinserhöhungen im Jahr 2022.

| Jahr | DAXs | MDAX |
|------|------|------|
| 2022 | -12,35% | -28,49% |

*Tabelle 7 Reaktionen von Dax und MDAX auf 4 Zinserhöhungen der EZB*

Der DAX und der MDAX sind also im Jahr 2022 richtig in die Knie gegangen. Allerdings ist bei der Interpretation der Zahlen zu beachten, dass der Ukrainekrieg im Februar 2022 begann. Im Gegensatz zu den USA kamen in Deutschland Sorgen auf, dass es zu Gas- und Stromengpässen im Winter 2022/2023 kommen könnte. Daher ist es unmöglich, zu bestimmen, welchen Anteil die 4 Zinserhöhungen der EZB mit einem Leitzins von maximal 2,5 % an dem schlechten Abschneiden von DAX und MDAX haben könnten.

Für die Zinserhöhungen der EZB und der Fed in den Jahren 2022/2023 gibt es keinen echten historischen Vergleich, da noch die Zinsen noch nie so schnell in diesem Umfang angehoben wurden. Dennoch lohnt es sich, sich die Zinserhöhungsrunden der EZB vor den Jahren 2022/2023 anzuschauen.

# Zinserhöhungen der Fed

## Tapering - das Vorspiel für Zinserhöhungen der FED

Am 22. Mai 2013 kündigte die Fed an, die Anleihekäufe zurückzufahren (Tapering). Zwischen dem 19. und 21. Juni 2013 stieg der Zinssatz für zehnjährige US-Staatsanleihen stark. Das führte zu den folgenden Kursverlusten.

| | DAX | MDAX | Dow Jones | S&P 500 | Nasdaq 100 |
|---|---|---|---|---|---|
| Kursverluste 18.6.13-24.6.13 | -6,52 % | -6,08 % | -4,32 % | -4,72 % | -4,93 % |

*Tabelle 8 Reaktion der Aktienbörsen auf höheren Zins für 10jährige US-Staatsanleihen*

Obwohl für diese Kursverluste wohl nicht die Ankündigung der Fed, die Anleihekäufe zurückzufahren (Tapering), primär verantwortlich war, bezeichnete man damals die Reaktion der Aktienbörsen als ein taper tantrum, also eine Art Tobsuchtsanfall. Wie die folgende Tabelle zeigt, war dieser Tobsuchtsanfall – wie hoffentlich alle Tobsuchtsanfälle – nur vorübergehend und damit kurz.

| | DAX | MDAX | Dow Jones | S&P 500 | Nasdaq 100 |
|---|---|---|---|---|---|
| Kursgewinne Juli 2013 | 3,98 % | 4,71 % | 3,9 % | 4,95 % | 6,21 % |
| Jahresergebnis 2013 | 25,48 % | 39,11 % | 26,50 % | 29,60 % | 34,99 % |

*Tabelle 9 taper tatrum hatte nur einen kurzfristigen Einfluss auf die Aktienbörsen*

Wer wegen des taper tantrums im Jahr 2013 die Aktienbörsen verließ, riskierte fette Jahresgewinne zu verpassen. Denn im Jahr 2013 gab es an den Aktienbörsen tolle Jahresendrallys. Das taper tantrum entpuppte sich also als Kaufgelegenheit.

Auch im August 2021 kündigte die Fed an, die Anleihekäufe zurückzufahren (Tapering). Die Ankündigung des Taperings wurde damals von den Aktienbörsen ignoriert.

Im September 2021 deutete die Fed für das Jahr 2022 eine Zinserhöhung an. Die folgende Tabelle zeigt die Reaktionen der Aktienbörsen im September 2021 auf die von der Fed angedeutete Zinserhöhung.

|  | Dow Jones | S&P 500 | Nasdaq 100 | DAX | MDAX |
|---|---|---|---|---|---|
| Kursverluste September 2021 | -4,29% | -4,76% | -5,73% | -3,63% | -4,40% |

*Tabelle 10 Reaktionen der Aktienbörsen auf eine von der Fed angedeutete Zinserhöhung*

Das sieht eher wie der normal schlechte Aktienbörsenmonat September aus, als dass man diese Monatsergebnisse auf die Zinsankündigung der Fed zurückführen könnte.

Unter diesen Umständen fällt es schwer, eine Regel aufzustellen, dass die Ankündigung der Fed die Anleihekäufe zurückzufahren, (dauerhaft) zu Kursverlusten führt.

## Die Zinserhöhungsrunde der Fed von Juni 2004 bis Juni 2006

Nach der letzten Zinssenkung der Fed am 25. Juni 2003 gab es 17 Zinserhöhungen der Fed vom 30. Juni 2004 bis zum 29. Juni 2006.

Dabei stieg der Leitzins der Fed von 1,0 % auf 5,25 %.

Da es wegen der Finanzkrise 2008/2009 fast 10 Jahre lang keine Zinserhöhungen der Fed gegeben hatte, muss man bis ins Jahr 2006 zurückgehen, um die letzte Zinserhöhung der Fed zu finden.

Bevor die Fed im Juni 2004 begann die Zinsen zu erhöhen, lag ihr Leitzins auf einem Vierzig-Jahres-Tief bei 1 Prozent. Diese Zinserhöhungsrunde umfasste 17 Zinsschritte.

Reaktionen der Aktienbörsen auf die Zinserhöhungsrunde der FED

So reagierten die Aktienbörsen auf die 17 Zinserhöhungen der Fed.

| Jahr | DAX | MDAX | Dow Jones | S&P 500 | Nasdaq 100 |
|------|------|-------|-----------|---------|------------|
| 2004 | +7,34% | +20,28% | +3,15% | +8,99% | +10,44% |
| 2005 | +27,07% | +36,01% | -0,61% | +3,00% | +1,49% |
| 2006 | +21,98% | +28,63% | +16,29% | +13,62% | +6,79% |

*Tabelle 11 Reaktion der Aktienbörsen auf 17 Zinserhöhungen der Fed*

Trotz 17 Zinserhöhungen bis zu einem Leitzins von 5,25 % hatten sich die Aktienbörsen gut gehalten. Im Jahr 2005 ging den Aktienbörsen etwas die Puste aus. Die Erleichterung, dass im Juni 2006 die letzte Zinserhöhung war, ist an den Kursgewinnen des Jahres 2006 zu erkennen.

Oder etwas genauer:

Am 29. Juni 2006 erhöhte die Fed zum 17. Mal in Folge ihren Leitzins um 0,25 % auf 5,25 %, weil sie noch „einige" Inflationsrisiken, aber auch Zeichen eines „gemäßigten Wachstums" sah.

Wie Sie aus der folgenden Tabelle erkennen können, stiegen die Kurse der Aktienbörsen trotz der Zinserhöhung der Fed.

| Kursveränderungen | DAX | MDAX | Dow Jones | S&P 500 | Nasdaq 100 |
|-------------------|------|------|-----------|---------|------------|
| 29.6.2006 | **+2.29%** | **+2.30%** | **+1.98%** | **+2.16%** | **+3.08%** |
| 30.6.2006 | +1.82% | +2.09% | -0.36% | -0.21% | -0.65% |
| 3.7.2026 | +0.52% | +1.13% | +0.70% | +0.79% | +0.70% |

*Tabelle 12 steigende Börsenkurse trotz Zinserhöhung der Fed am 29. Juni 2006*

Warum sind die Kurse der Aktienbörsen trotz der Zinserhöhung der Fed gestiegen?

Weil die Anleger wegen des Ausdrucks „gemäßigten Wachstums" die Zinserhöhung vom 29.6.2006 als letzte Zinserhöhung der Fed dieser Zinserhöhungsserie betrachteten. Es war tatsächlich die letzte Zinserhöhung. Die nächste Zinserhöhungsserie der Fed startete erst im Dezember 2015.

Im Prinzip war das Statement der Fed vom 29. Juni 2006 ein Zinssenkungssignal.

# Reaktionen der Aktienbörsen auf die Ankündigung von Zinserhöhungen im Jahr 2015

Im August 2015 wurden in den USA Zinserhöhungen angekündigt. Die folgende Tabelle zeigt, wie die Aktienbörsen im August 2015 auf die Ankündigung von Zinserhöhungen reagierten.

| | Dow Jones | S&P 500 | Nasdaq 100 | DAX | MDAX |
|---|---|---|---|---|---|
| Kursverluste August 2015 | -6,57 % | -6,26 % | -6,85 % | -9,28 % | -5,23 |

*Tabelle 13 Fallende Börsenkurse wegen von der Fed angekündigten Zinserhöhungen*

Die Aktienbörsen reagierten also spontan und mit deutlichen Kursverlusten. Obwohl es sich um in der Zukunft liegende Zinserhöhungen der Fed und nicht der EZB handelte, waren die Kursverluste des DAX im August 2015 noch höher als bei den US-Aktienbörsen.

Die folgende Tabelle zeigt, dass sich anschließend die Neven beruhigten, denn so schlecht waren die Jahresergebnisse der Aktienbörsen im Jahr 2015 nicht, wie der August 2015 vermuten lässt.

| Jahr | Dow Jones | S&P 500 | Nasdaq 100 | DAX | MDAX |
|---|---|---|---|---|---|
| 2015 | -2,23% | -0,73% | +8,43% | 9,56% | 22,67 % |

*Tabelle 14 die von der Fed angekündigten Zinserhöhungen verpufften an den Aktienbörsen*

## Die Zinserhöhungsrunde der Fed von Dezember 2015 bis Dezember 2018

Nach der letzten Zinssenkung der Fed am 16. Dezember 2008 gab es 9 Zinserhöhungen der Fed vom 17. Dezember 2015 bis zum 20. Dezember 2018.

Dabei stieg der Leitzins der Fed von 0,25 % auf 2,25 %.

## Reaktionen der Aktienbörsen auf die Zinserhöhungsrunde der FED

So reagierten die Aktienbörsen auf die 10 Zinserhöhungen der Fed.

| Jahr | DAX | MDAX | Dow Jones | S&P 500 | Nasdaq 100 |
|---|---|---|---|---|---|
| 2015 | +9,56% | +22,67% | -2,23% | -0,73% | +8,43% |
| 2016 | +6,87% | +6,81% | +13,42% | +9,54% | +5,89% |
| 2017 | +12,51% | +18,08% | +25,08% | +19,42% | +31,52% |
| 2018 | -18,26% | -17,61% | -5,63% | -6,24% | -1,04% |
| 2019 | +25,48% | +31,15% | +22,34% | +28,88% | +37,96% |

*Tabelle 15 Reaktionen der Aktienbörsen auf 10 Zinserhöhungen der Fed*

Die ersten 5 Zinserhöhungen mit einem Leitzins von bis kümmerlichen 1,25 bis 1,5 Prozent wurden von den US-Aktienbörsen ignoriert. Als dann im Jahr 2018 noch 4 Zinserhöhungen dazu kamen, war es dann doch zu viel des Guten. Der DAX lag aber Ende 2018 mit -18,26% viel stärker im Minus als die US-Börsenindices.

Nach der letzten Zinserhöhung im Dezember 2018 explodierten die Börsenkurse im Jahr 2019.

## Die Zinserhöhungsrunde der Fed von März 2022 bis Juli 2023

Nach der letzten Zinssenkung der Fed am 16. März 2020 gab es 11 Zinserhöhungen der Fed vom 17. März 2022 bis zum 27. Juli 2023. Man beachte den extrem kurzen Zeitpunkt, in dem die 11 Zinserhöhungen stattfanden.

Hier die tabellarische Zusammenfassung:

| Jahr 2022 | 7 Zinserhöhungen | Leitzins Ende 2022 4,25 bis 4,50 % |
|---|---|---|
| Februar 2023 | 8te Zinserhöhung | Leitzins 4,5 bis 4,75 % |
| März 2023 | 9te Zinserhöhung | Leitzins 4,75 bis 5 % |
| Mai 2023? | 10te Zinserhöhung | Leitzins 5 bis 5,25 % |
| Juni 2023 | Zinserhöhungspause | Leitzins 5 bis 5,25 % |
| Juli 2023 | 11te Zinserhöhung | Leitzins 5,25 bis 5 % |

*Tabelle 16 Die 11 Zinserhöhungen der Fed von März 2002 bis Juli 2023*

<u>Reaktionen der Aktienbörsen auf die Zinserhöhungsrunde der FED</u>

So reagierten die Aktienbörsen auf die 11 Zinserhöhungen der Fed.

| Jahr | DAX | MDAX | Dow Jones | S&P 500 | Nasdaq 100 |
|---|---|---|---|---|---|
| 2022 | -12,35% | -28,49% | -8,78% | -19,44% | -32,97% |
| 2023 | +20,31% | +8,04% | +13,70% | +24,23% | +53,81% |

*Tabelle 17 Reaktionen der Aktienbörsen auf 11 Zinserhöhungen der Fed*

Die US-Börsen gingen wegen der 7 großen Zinserhöhungen im Jahr 2022 in die Knie, zumal Ende 2022 ein Ende der Zinserhöhungen objektiv betrachtet nicht in Sicht war. Beim Nasdaq 100 waren die Kursverluste besonders groß.

Wie Sie sehen, wurden die 4 Zinserhöhungen der Fed im Jahre 2023 von den US-Börsen ignoriert. Obwohl der US-Leitzins seit Juli 2023 zwischen 5 und 5,25% lag und es keine Zinssenkungssignale der Fed gab.

Die Verluste der deutschen Aktienbörsen lassen sich mit dem Krieg Putins gegen die Ukraine erklären, der am 24. Februar 2022 begann.

Für die Zinserhöhungen der EZB und der Fed in den Jahren 2022/2023 gibt es keinen echten historischen Vergleich, da die Zinsen noch nie so schnell in diesem Umfang angehoben wurden. Dennoch lohnt es sich, sich die Zinserhöhungsrunden der Fed vor den Jahren 2022/2023 anzuschauen.

<u>Kursverluste pro Leitzinserhöhung der Fed von einem 1 Prozent</u>

Alte Analysen einer deutschen Bank kommen zu dem Schluss, dass bei einer Leitzinserhöhung der Fed von nur 1 Prozent die Aktienkurse um durchschnittlich 12,7 % fallen. Bei Leitzinserhöhungen von insgesamt 5 %, wären das Kursverluste von über 60 %.

Das wird durch die obigen Tabellen nicht bestätigt.

<u>Kursverhalten des S&P 500 auf Zinserhöhungen der Fed seit 1947</u>

Seit 1947 gab es 15 Zinserhöhungsrunden der Fed. In den Jahren vor der Zinserhöhung stieg der S&P 500 im Schnitt um 10 %. In den Jahren nach der Zinserhöhungsrunde steigt der S&P 500 nur noch im Schnitt um 6 %. Die Zinserhöhungsrunden wirkten also in der Regel auf die Kurssteigerungen dämpfend. Wobei ein Kursgewinn von 6 % nicht überragend, aber auch nicht schlecht ist. Zudem muss man erstmal eine risikofreie Anleihe mit einer Rendite von 6 % finden.

Auf jeden Fall spricht auch diese Statistik dagegen, dass Zinserhöhungen der Fed automatisch zu Kursverlusten an den Aktienbörsen führen.

<u>Regel: 12 bis 18 Monate nach der ersten Zinserhöhung rutscht die US-Wirtschaft in die Rezession</u>

Historisch gesehen, rutscht die US-Wirtschaft 12 bis 18 Monate nach der ersten Zinserhöhung in die Rezession. Dies war in den Jahren 2023 und 2024 nicht geschehen, Obwohl der US-Leitzins seit Juli 2023 bei zwischen 5 und 5,25% lag und dies der höchste Zinssatz seit Juni 2006 war.

Somit ist diese Regel bisher bei der Zinserhöhungsrunde der Fed von März 2022 bis Juli 2023 nicht anwendbar.

<u>Der DAX 12 Monate nach der ersten Zinserhöhung der Fed (1977 – 1999)</u>

Wie die folgende Tabelle zeigt, war der DAX 12 Monate nach der ersten Zinserhöhung in 5 von 7 Fällen im Plus.

| Börsenindex | Jahr | erste US-Leitzinserhöhung | DAX 12 Monate später |
|---|---|---|---|
| DAX | 1977 | 1.8.1977 | + 9 % |
| DAX | 1980 | 21.10.1980 | -2,4 % |
| DAX | 1984 | 1.3.1984 | + 10,7 % |
| DAX | 1987 | 30.4.1987 | + 19,4 % |
| DAX | 1988 | 30.3.1988 | + 22,9 % |
| DAX | 1994 | 4.2.1994 | -3,8 % |
| DAX | 1999 | 30.6.1999 | + 27,8 % |

*Tabelle 18 Kursentwicklung des DAX 12 Monate nach der ersten Zinserhöhung der Fed*

Eine Regel, dass der DAX 12 Monate nach der ersten Zinserhöhung im Minus liegt, gibt es nicht.

## Das Abschneiden von Technologieaktien während der Zinserhöhungsrunden der Fed

Laut einer Studie aus dem Jahr 2021 von HQ Trust haben Technologietitel in 10 von 12 Zinserhöhungsrunden besser abgeschnitten als der Gesamtmarkt. Das hört sich nachvollziehbar an, da Unternehmen wie z. B. Apple oder Microsoft so viel Cash und so wenig Schulden haben, dass sie sogar von Zinserhöhungen profitieren.

Der Nasdaq 100 gilt allgemein als Sammelplatz für Technologietitel. Alleine das Gewicht der Magnificent Seven beträgt 43 % im Nasdaq 100.

Doch schaut man sich den Nasdaq 100 an, so sind seine Ergebnisse während der Zinserhöhungsrunden durchwachsen. Siehe die obigen Tabellen.

In den Zinserhöhungsrunden der Jahre 2004, 2005 und 2015 bis 2019 schnitt der Nasdaq 100 besser als der Dow Jones und der S&P 500 ab.

Dagegen war im Jahr 2000 und im Jahr 2022 der Nasdaq 100 ganz klar der Verlierer im Vergleich zu den anderen Börsenindices.

<u>Kursentwicklungen der Magnificent Seven im Jahr 2022</u>

Das schlechte Abschneiden des Nasdaq 100 im Jahr 2022 lässt sich wegen des starken Gewichts der Magnificent Seven verproben.

| Aktie | Schlusskurs 30.12.2021 | Schlusskurs 30.12.2022 | Kursverluste |
|---|---|---|---|
| Alphabet | 129,73 | 81,90 | -36,86 % |
| Amazon | 149,57 | 78,40 | -47,58 % |
| Apple | 158,58 | 120,94 | -23,73 % |
| Meta | 303,68 | 111,22 | -63,33 % |
| Microsoft | 302,35 | 223,75 | -25,99 % |
| Nvidia | 264,80 | 135,66 | -48,76 % |
| Tesla | 316,87 | 112,32 | -64,55 % |

*Tabelle 19 Kursverluste der Magnificent Seven wegen der 7 Zinserhöhungen der Fed*

Wie sie sehen, waren die Magnificent Seven im Jahr 2022 überhaupt nicht magnificent.

| Jahr | DAX | MDAX | Dow Jones | S&P 500 | Nasdaq 100 |
|---|---|---|---|---|---|
| 2022 | -12,35% | -28,49% | -8,78% | -19,44% | -32,97% |

*Tabelle 20 Reaktionen der Aktienbörsen auf 7 Zinserhöhungen der Fed im Jahr 2022*

Wie Sie sehen, haben die 7 Zinserhöhungen der Fed im Jahr 2022 bei jeder Aktie der Magnificent Seven im Vergleich zu den Aktienbörsen zu überdurchschnittlich hohen Kursverlusten geführt.

Daher kann ich mich mit der Regel, dass Technologietitel während einer Zinserhöhungsrunde besser als der Gesamtmarkt abschneiden sollen, nicht anfreunden.

<u>Knicken die Aktienbörsen erst dann ein, wenn der Zinserhöhungszyklus schon weit fortgeschritten ist?</u>

DAX und MDAX gingen sofort im Jahr 2022 und im Jahr 2011 in die Knie.

Dagegen waren DAX und MDAX in den Jahren 2005 bis 2007 gegenüber den Zinserhöhungen relativ resistent.

Auch die US-Börsen rutschten um Jahr 2022 und im Jahr 2000 sofort ins Minus. Wobei im Jahr 2000 die Dotcom-Blase platzte.

Dagegen waren US-Börsen in den Jahren 2015 bis 2017 gegenüber den Zinserhöhungen relativ resistent. Erst 2018 rutschten Sie nennenswert ins Minus. Auch in den Jahren 2004 bis 2006 blieben die US-Börsen ziemlich unbeeindruckt von den Zinserhöhungen.

Obwohl es einige Zeit dauert, bis sich Zinserhöhungen in die Bilanzen der Unternehmen reinfressen, kann man nicht sagen, dass die Aktienbörsen bzw. die Aktienmärkte erst mit einer signifikanten Zeitverzögerung auf Zinserhöhungen einknicken. Teilweise reagierten die Aktienmärkte sofort. Teilweise ignorierten die Aktienmärkte sogar die Zinserhöhungen. Eine Regel lässt sich nicht erkennen.

Vielleicht hilft es, sich zu überlegen, in welchem Zustand sich die Wirtschaft zu Beginn einer Zinserhöhungsrunde befindet. Werden die Zinsen erhöht, weil die Inflation wegen einer boomenden Wirtschaft steigt, ist es wahrscheinlicher, dass die Aktienbörsen nicht bereits nach dem ersten Zinsschritt in die Knie gehen. Je kleiner der erste Zinsschritt, umso höher ist diese Wahrscheinlichkeit, dass die Aktienbörsen nicht sofort einbrechen.

Dennoch wird wegen jeder noch so kleinen Zinserhöhung ein Riesen-Hype veranstaltet. Zinserhöhungen sind aber nicht per se ein Grund, sich von den Aktienbörsen zu entfernen und womöglich sogar noch panikartig zu verkaufen.

## Shortseller sind die Gewinner der Zinserhöhungen der Fed

Durch Zinserhöhungen der Fed sinken die Kurse der langfristigen US-Anleihen, die vor den Zinserhöhungen der Fed begeben wurden. Anleger, die auf fallende Kurse bei den Anleihe ETFs gewettet hatten, erzielten insgesamt alleine im Jahr 2023 einen Gewinn von über einer Milliarde USD.

Bei den Zinserhöhungen und Zinssenkungen von Fed und EZB sollte man also auch ein Auge auf Anleihe ETFs haben und nicht nur auf die ETFs, die die Börsenindices abbilden.

# EZB und Fed – wie lange man auf eine Zinssenkung warten muss

Anhand der folgenden Tabelle können Sie erkennen, wie lange es bei EZB und Fed dauerte, bis nach der letzten Zinserhöhung die erste Zinssenkung durchgeführt wurde.

| | letzte Zinserhöhung | erste Zinssenkung | Zeitraum (ungefähr) |
|---|---|---|---|
| Fed | 16.05.2000 | 03.01.2001 | 7 Monate |
| EZB | 06.10.2000 | 11.05.2001 | 7 Monate |
| Fed | 29.06.2006 | 18.09.2007 | 15 Monate |
| EZB | 09.07.2008 | 08.10.2008 | 3 Monate |
| EZB | 13.07.2011 | 09.11.2011 | 4 Monate |
| Fed | 20.12.2018 | 01.08.2019 | 8 Monate |
| Fed | 27.07.2023 | 18.09.2024 | 14 Monate |
| EZB | 20.09.2023 | 06.06.2024 | 8 Monate |

*Tabelle 21 Zeiträume zwischen letzter Zinserhöhung und erster Zinserhöhung der Fed*

Lässt die Inflation auch nur ein bisschen nach, werden von den Experten sofort und insistierend Zinssenkungen eingefordert. Mit den Zinssenkungen soll aus deren Sicht verhindert werden, dass eine sich abschwächende Konjunktur in eine Rezession mündet.

Wie die obige Tabelle zeigt, reagieren EZB und Fed nicht so schnell, wie von manchen Experten gefordert, aber doch recht zügig. Wenn man in Konjunkturzyklen denkt und man auch weiß, dass Inflationsraten in der Regel nicht linear sinken und wegen Lohn-Preis-Spiralen sich die Inflation als hartnäckig erweisen kann.

Zudem dauert eine Weile, bis sich höhere Zinsen in die Wirtschaft reingefressen haben. Denn es gibt viele mittel- und langfristige Finanzierungen. In einer Tiefzinsphase vereinbaren viele Schuldner lange Laufzeiten für ihre Kredite beziehungsweise Anleihen, um möglichst lange von den niedrigen Zinsen profitieren zu können.

Bei der Baufinanzierung und den Hypothekenkrediten wirken Zinserhöhungen am schnellsten, da die Banken sofort die Zinsen erhöhen. Da dann aber im Zweifelsfall (erstmal)nicht gebaut oder gekauft wird, kommen die Zinserhöhungen in Form von teureren Krediten nicht bei allen an.

Auch Überziehungskredite für Girokonten (Dispokredite) verteuern sich sehr schnell.

Dennoch dauert es in der Regel 12 bis 18 Monate bis sich Zinserhöhungen dämpfend auf die Inflation auswirken.

Da also Zinserhöhungen nur zeitverzögert wirken, hatte die Fed in der Regel seit den 80er Jahren erst nach sieben Monaten nach einem Zinsgipfel die erste Zinssenkung vorgenommen.

Daher ist es nicht nachvollziehbar, dass einige „Experten" schon Anfang des Jahres 2023 von 2 Zinssenkungen der Fed im Jahr 2023 ausgegangen waren. Zu diesem Zeitpunkt stand noch nicht mal der Zeitpunkt des Zinsgipfels fest. Außerdem war Anfang des Jahres 2023 nicht erkennbar, ob die USA in eine schwere Rezession fallen würden, was ein Grund für eine erste schnelle Zinssenkung hätte sein können.

Zinssenkungen werden erst spät angekündigt, damit die Inflationsbekämpfung nicht durch zu frühe Ankündigungen unterminiert wird.

Anleger, die davon ausgehen, dass die letzte Zinserhöhung das Ende einer Zinserhöhungsrunde war, können von der Vorfreude der Aktienbörsen auf die erste Zinserhöhung profitieren. Siehe die Kapitel „Gab es eine Vorfreude an den

Aktienbörsen auf die erste Zinssenkung der EZB?" und „Gab es eine Vorfreude an den Aktienbörsen auf die erste Zinssenkung der Fed?".

# Zinssenkungen der EZB

## Die Zinssenkungsserie der EZB von Mai 2001 bis zum Juni 2003

Nach der letzten Zinserhöhung der EZB am 6. Oktober 2000 gab es 6 Zinssenkungen der EZB vom 11. Mai 2001 bis zum 6. Juni 2003.

Dabei fiel der Leitzins (Hauptrefinanzierungssatz) der EZB Fed von 4,75 % auf 1 %.

Diese Zinssenkungsserie der EZB überlappte sich zeitlich zu einem großen Teil mit der Zinssenkungsserie der Fed vom 3. Januar 2001 bis zum 25. Juni 2003.

Da sich die Effekte der beiden Zinssenkungsserien nicht voneinander trennen lassen und um Wiederholungen zu vermeiden, wird auf das Kapitel „Die Zinssenkungsserie der Fed vom Januar 2001 bis zum Juni 2003" verwiesen.

## Die Zinssenkungsserie der EZB von Oktober 2008 bis zum Mai 2009

Nach der letzten Zinserhöhung der EZB am 9. Juli 2008 gab es 7 Zinssenkungen der EZB vom 8. Oktober 2008 bis zum 13. Mai 2009.

Dabei fiel der Leitzins (Hauptrefinanzierungssatz) der EZB Fed von 4,25 % auf 1 %.

Diese Zinssenkungsserie der EZB überlappte sich zeitlich zu einem großen Teil mit der Zinssenkungsserie der Fed 18. September 2007 bis zum 16. Dezember 2008.

Da sich die Effekte der beiden Zinssenkungsserien nicht voneinander trennen lassen und um Wiederholungen zu vermeiden, wird auf das Kapitel „Die Zinssenkungsserie der Fed vom Juni 2006 bis zum Dezember 2008" verwiesen.

Nach der letzten Zinserhöhung der EZB am 13. Juli 2011 gab es 8 Zinssenkungen der EZB vom 9. November 2011 bis zum 16. März 2016. In diesem Zeitraum gab es keine Zinssenkungsserie der Fed. Insofern liegt hier eine Ausnahme vor.

Dabei fiel der Leitzins (Hauptrefinanzierungssatz) der EZB Fed von 1,5 % auf 0 %.

## Reaktionen der deutschen Börsen auf diese Zinssenkungsserie der EZB

|  | DAX | MDAX |
|---|---|---|
| Jahr 2011 | -14,69% | -12,15% |
| Jahr 2012 | +29,06% | +33,90% |
| Jahr 2013 | +25,48% | +39,11% |
| Jahr 2014 | +2,65% | +2,17% |
| Jahr 2015 | +9,56% | +22,67% |
| Jahr 2016 | +6,87% | +6,81% |

*Tabelle 22 Reaktionen auf 8 Zinssenkungen der EZB*

Im August 2011 kamen Ängste vor einer schwachen US-Konjunktur und einer Ausweitung der Euro-Schuldenkrise auf. Das erklärt die schwache Performance von Dax und MDAX im Jahr 2011. Da kam der Beginn der Leitzinssenkungen der EZB am 9. November 2011 gerade recht, obwohl diese nur von einem Plateau von 1,5 % startete. In den Jahren 2012 bis 2016 führten die weiteren Zinssenkungen der EZB zu Kursgewinnen bei DAX und MDAX. Die Gemüter der Anleger hatten sich beruhigt.

## Das Zinssenkungssignal der EZB im April 2024

Am 11. April 2024 wurde bekanntgegeben, dass nach Meinung der EZB, bei den meisten Messgrößen der zugrundeliegenden Teuerung eine Entspannung zu verzeichnen sei. Zudem sei die Inflation weiter zurückgegangen.

Weitere Ausführungen der EZB-Präsidentin Christine Lagarde: „Im Juni werden wir viel mehr Daten und neue Projektionen haben. Dann werde der Rat entscheiden, ob seine Zuversicht erfüllt worden sei. Einige Mitglieder des geldpolitischen Rats seien bereits jetzt zuversichtlich gewesen, dass die Bedingungen für eine Reduzierung erfüllt seien. Sie seien allerdings bereit gewesen, sich der großen Mehrheit im Rat anzuschließen, die lieber zusätzliche Informationen im Juni abwarten wolle. Dann legen die EZB-Experten die neuen Inflations- und Konjunkturprognosen vor.“

Bereits am 6. Juni 2024 erfolgte die erste Zinssenkung der EZB.

Für Zinssenkungen im Euroraum sprach übrigens auch die Tatsache, dass sich die Aussichten für die Wirtschaft im Euroraum nach Meinung der EZB verschlechtert hatten. Im April 2024 erwartete die EZB nur noch ein Mini-Wachstum von 0,6 %, nachdem sie zuvor noch ein Wachstum von 0,8 % erwartet hatte.

Reaktionen der deutschen Aktienbörsen auf das Zinssenkungssignal der EZB

Die Aktienbörsen reagierten auf diese ermutigenden Zinssenkungssignale wie folgt:

|  | DAX | MDAX |
|---|---|---|
| 10.4.24 Tagesendstand | 18.097 | 26.951 |
| 11.4.24 Tagesendstand | 17.954 | 26.852 |
| Kursverluste | **-0,79 %** | **-0,37 %** |

*Tabelle 23 Reaktionen auf ein Zinssenkungssignal der EZB*

Wie sie sehen, reagierten die deutschen Aktienbörsen nicht auf das Zinssenkungssignal der EZB.

Inflation in Deutschland etwas höher als erwartet

Am 29. Mai 2024 wurde bekanntgegeben, dass die Verbraucherpreise in Deutschland im Mai 2024 im Vergleich zum Vorjahresmonat um 2,4 % gestiegen waren. Für April 2024 lag dieser Wert nur bei 2,2, %.

Obwohl damit die Inflation im Mai 2024 in Deutschland höher als erwartet war, senkte die EZB den Leitzins (Hauptrefinanzierungssatz) am 6. Juni 2024 um 0,25 %. So reagierten Dax und MDAX auf die etwas höher als erwartete Inflation.

|  | DAX | MDAX |
| --- | --- | --- |
| Kursverluste 29.5.2024 | -1,10% | 1,92% |



Der Schlusskurs des DAX am 28.5.2024 wurde mit dem Schlusskurs vom 12.7.2024 übertroffen.

Der Schlusskurs des MDAX vom 28.5.2024 mit 27.140 Punkten war Mitte September 2024 immer noch nicht überschritten.

Die Inflationsangst, die am 29. Mai 2024 entstanden war, war also trotz der Zinssenkung der EZB am 6. Juni 2024 nicht so schnell verschwunden.

## Gab es eine Vorfreude an den Aktienbörsen auf die erste Zinssenkung der EZB?

Da die Aktienbörsen im Grunde genommen, nicht auf die Zinssenkungssignale der EZB vom 11. April 2024 reagiert hatten, stellt sich die Frage, ob es trotzdem eine Vorfreude an den Aktienbörsen auf die erste Zinssenkung der EZB gab?

Dabei wird der Zeitraum von den Zinssenkungssignalen am 11. April 2024 bis zu dem Tag vor der ersten Zinssenkung der EZB, dem 5. Juni 2024, betrachtet.

|  | DAX | MDAX | Dow Jones | S&P 500 | Nasdaq 100 |
| --- | --- | --- | --- | --- | --- |
| 11.4.24 Tagesendstand | 17.954 | 26.852 | 38.459 | 5.199 | 18.307 |
| 5.6.24 Tagesendstand | 18.575 | 27.089 | 38.807 | 5.354 | 19.035 |
| Kursgewinne | +3,46% | +0,88% | +0,90% | +2,98 | +3,98% |



Wenn man von einer Vorfreude reden möchte, kann man diese beim DAX, dem S&P 500 und dem Nasdaq 100 erkennen. Hier sind die Kursgewinne für einen Zeitraum von etwas weniger als 2 Monaten signifikant.

# Reaktionen der Aktienbörsen auf die erste Zinssenkung der EZB am 6. Juni 2024

Seit dem 20. September 2023 hatte die EZB den Leitzins (Hauptrefinanzierungssatz) bei 4,5 % belassen. Rund 9 Monate später entschloss sich die EZB erstmals den Leitzins (Hauptrefinanzierungssatz) zu senken. Rund 9 Monate hatten die Anleger nervös auf die erste Zinssenkung der EZB gewartet. Die EZB senkte den Leitzins (Hauptrefinanzierungssatz) von 4,5 % auf 4,25 % am 6. Juni 2024. So reagierten die Aktienbörsen am dem Tag der ersten Zinssenkung der EZB.

| | DAX | MDAX | Dow Jones | S&P 500 | Nasdaq 100 |
|---|---|---|---|---|---|
| Kursänderungen 6.6.2024 | +0,41 % | -0,27 % | 0,20 % | -0,09 % | -0,07 % |

*Tabelle 26 Reaktionen der Aktienbörsen auf die erste Zinssenkung der EZB am 6. Juni 2024*

Die Zinssenkung der EZB verpuffte am 6. Juni 2024 an den Aktienmärkten. Obwohl diese schon seit über einem halben Jahr sehnlichst erwartet worden war. Da die meisten Anleger mit dieser Zinssenkung gerechnet hatten, blieb ein positiver Überraschungseffekt aus. Wahrscheinlich auch ein Grund, warum die Aktienmärkte nicht positiver auf die Zinssenkung reagiert hatten. Zudem ist die Frage erlaubt, ob sich die US-Aktienbörsen überhaupt für eine Zinssenkung der EZB interessieren.

Festzuhalten bleibt an dieser Stelle, dass die Effekte an den Aktienmärkten in diesem Fall positiver waren, als die Inflation etwas niedriger als erwartet ausgefallen war. Als bei der erwarteten Zinssenkung. Das zeigt, wie wichtig also kleine positive Überraschungen sind.

Zudem wird klar, dass nicht jede Zinssenkung zu Kursgewinnen führt. Insbesondere können Kursgewinne ausbleiben, wenn Zeitpunkt und Umfang der Zinssenkung erwartet worden war. Aber schon im nächsten Kapitel war das Gegenteil der Fall.

Am 6. Juni 2024 hatte die EZB ihre erste Leitzinssenkung (Hauptrefinanzierungssatz) von 4,5 % auf 4,25 % durchgeführt.

Am 12.9.2024 senkte die EZB den Hauptrefinanzierungssatz von 4,25 % auf 3,65 %. Für den Hauptrefinanzierungssatz können sich Geschäftsbanken Geld bei der EZB leihen. Daher wirkt er sich spürbar auf die Bauzinsen aus, wen die Banken ganz oder teilweise diese Zinssenkung an die Kunden weitergeben.

Auch der Einlagensatz, zu dem die Banken bei der EZB Geld parken können, wurde am 12.9.2024 um einen Viertel-Prozentpunkt auf 3,50 Prozent gesenkt.

|  | DAX | MDAX | Dow Jones | S&P 500 | Nasdaq 100 |
|---|---|---|---|---|---|
| Kursveränderungen 12.9.2024 | +1,03% | +0,51% | +0,58% | +0.75% | +0,97% |

*Tabelle 27 Reaktionen der Aktienbörsen auf die zweite Zinssenkung der EZB am 12. September 2024*

Wie Sie sehen, haben alle Aktienbörsen positiv auf die zweite Zinssenkung der EZB reagiert. Obwohl fast alle Anleger an diesem Tag mit dieser Zinssenkung gerechnet hatten.

# Zinssenkungen der Fed

<u>Zinssenkungssignale der Fed</u>

<u>Zinssenkungssignal der Fed am 4. Januar 2006</u>

Am 4. Januar 2006 wurde bekanntgegeben, dass sich aus dem Protokoll der Fed-Sitzung vom 13. Dezember 2005 ergab, dass die Fed nur noch wenige Anhebungen des Leitzinses von derzeit 4,25 Prozent für wahrscheinlich hielt.

<u>Reaktionen der Aktienbörsen auf das Zinssenkungssignal der Fed</u>

So reagierten die Börsen auf dieses Zinssenkungssignal der Fed:

|  | DAX | MDAX | Dow Jones | S&P 500 | Nasdaq 100 |
|---|---|---|---|---|---|
| Kursgewinne 4.1.2006 | +1.15% | +0.83% | +0.30% | +0.37% | +1.74% |

*Tabelle 28 Reaktionen der Aktienbörsen auf das Zinssenkungssignal der Fed vom 4.1.2006*

<u>Zinssenkungssignal der Fed am 29. Juni 2006</u>

Am 29. Juni 2006 erhöhte die Fed zum 17. Mal in Folge ihren Leitzins um 0,25 % auf 5,25 %, weil sie noch „einige" Inflationsrisiken, aber auch Zeichen eines „gemäßigten Wachstums" sah. Der Ausdruck „gemäßigtes Wachstums" wurde von den Anlegern als Zinssenkungssignal interpretiert.

<u>Reaktionen der Aktienbörsen auf das Zinssenkungssignal der Fed</u>
So reagierten die Börsen auf dieses Zinssenkungssignal der Fed:

|  | DAX | MDAX | Dow Jones | S&P 500 | Nasdaq 100 |
|---|---|---|---|---|---|
| Kursgewinne 29.6.2006 | +2.29% | +2.30% | +1.98% | +2.16% | +3.08% |

*Tabelle 29 Reaktionen der Aktienbörsen auf das Zinssenkungssignal der Fed vom 29.6.2006*

<u>Zinssenkungssignal der Fed am 21.März 2024</u>

Am 21. März 2024 hatte die Fed bekanntgegeben, dass sie davon ausgeht, dass sie die Zinsen im Jahr 2024 wahrscheinlich dreimal senken wird.

<u>Reaktionen der Aktienbörsen auf das Zinssenkungssignal der Fed</u>

Die Aktienbörsen reagierten auf diese Zinssenkungssignal am 21.3.2024 wie folgt:

|  | DAX | MDAX | Dow Jones | S&P 500 | Nasdaq 100 |
|---|---|---|---|---|---|
| 20.3.2024 Tagesendstand | 18.015 | 26.463 | 39.512 | 5.224, | 18.032 |
| 21.3.2024 Tagesendstand | 18.179 | 26.477 | 39.781 | 5.241 | 18.240 |
| Kursgewinne | **+0,91 %** | **+0,05 %** | **+0,68 %** | **+0.32%** | **+0,44 %** |

*Tabelle 30 Reaktionen der Aktienbörsen auf das Zinssenkungssignal der Fed vom 21.3.2024*

Überwältigend sind diese Kursgewinne sicher nicht.

Man muss kein intellektueller Überflieger sein, um die Zinssenkungssignale der Fed erkennen zu können. Zumal die Medien Statements der Fed und die Protokolle der Fed-Sitzungen kommentieren.

Genauso verhält es sich mit den Zinserhöhungssignalen der Fed.

<u>Die Zinssenkungsserie der Fed von Januar 2001 bis zum Juni 2003</u>

Nach der letzten Zinserhöhung der Fed am 16.05.2000 gab es 13 Zinssenkungen der Fed vom 3. Januar 2001 bis zum 25. Juni 2003.

Dabei fiel der Leitzins der Fed von 6,5 % auf 1 %.

<u>Reaktionen der Börsen auf diese Zinssenkungsserie der Fed</u>

So reagierten die Börsen auf diese Zinssenkungsserie:

|            | DAX      | MDAX     | Dow Jones | S&P 500  | Nasdaq 100 |
|------------|----------|----------|-----------|----------|------------|
| Jahr 2001  | -19,79%  | -7,47%   | -7,10%    | -13,04%  | -32,65%    |
| Jahr 2002  | -43,94%  | -30,08%  | -16,76%   | -23,37%  | -37,58%    |
| Jahr 2003  | 37,08%   | 47,75%   | 25,32%    | 26,38%   | 49,12%     |

*Tabelle 31 Reaktionen der Aktienbörsen auf 13 Zinssenkungen der Fed*

Im Jahr 2001 wuchs das US-Bruttoinlandsprodukt nur um 1 %. Im Folgejahr, dem Jahr 2022, stieg das US-Bruttoinlandsprodukt um bescheidene 1,7 %.

Am 7. März 2000 platzte die Dotcom-Blase und am 20. März 2003 begann der zweite Irakkrieg, auch dritter Golfkrieg genannt. Er endete am 1. Mai 2003.

Unter diesen Umständen kann man nicht erwarten, dass die im Januar 2001 eingeleiteten Zinssenkungsschritte an den Aktienbörsen unmittelbar zu Kursgewinnen führten.

Erst im Jahr 2003 drehten die Aktienbörsen ins Plus. Dann aber deutlich.

Dieses Beispiel zeigt, dass Zinssenkungen nicht automatisch zu Kursgewinnen an den Aktienmärkten führen.

Zu beachten ist, dass es von der EZB eine Zinssenkungsserie vom Mai 2001 bis zum Juni 2003 gab. Es ist davon auszugehen, dass diese Zinssenkungsserie der EZB einen Einfluss auf die deutschen Aktienbörsen hatte.


## Die Zinssenkungsserie der Fed von Juni 2006 bis zum Dezember 2008


Nach der letzten Zinserhöhung der Fed am 29. Juni 2006 gab es 7 Zinssenkungen der Fed vom 18. September 2007 bis zum 16. Dezember 2008.

Dabei fiel der Leitzins der Fed von 5,25 % auf 0,25 %.

## Reaktionen der Börsen auf diese Zinssenkungsserie der Fed


So reagierten die Börsen auf diese Zinssenkungsserie:

|  | DAX | MDAX | Dow Jones | S&P 500 | Nasdaq 100 |
|---|---|---|---|---|---|
| Jahr 2006 | +21,98% | +28,63% | +16,29% | +13,62% | +6,79% |
| Jahr 2007 | +22,29% | +4,89% | +6,43% | +3,53% | +18,67% |
| Jahr 2008 | -40,37% | -43,21% | -33,84% | -38,49% | -41,89% |

*Tabelle 32 Reaktionen der Aktienbörsen auf 7 Zinssenkungen der Fed*

Die Kursverluste des Jahres 2008 sind auf den Beginn der Finanzkrise im Jahr 2008 zurückzuführen. Da konnten selbst die Zinssenkungen der Fed um Jahr 2008 diese Kursverluste nicht auffangen.

Auch dieses Beispiel zeigt, dass Zinssenkungen nicht automatisch zu Kursgewinnen an den Aktienmärkten führen.

Zu beachten ist, dass es von der EZB eine Zinssenkungsserie vom Oktober 2008 bis zum Mai 2009 gab. Es ist davon auszugehen, dass diese Zinssenkungsserie der EZB einen Einfluss auf die deutschen Aktienbörsen hatte.

## Die Zinssenkungsserie der Fed von August 2019 bis zum März 2020

Nach der letzten Zinserhöhung der Fed am 20. Dezember 2018 gab es 4 Zinssenkungen der Fed vom 1. August 2019 bis zum 16. März 2020. In diesem Zeitraum gab es keine Zinssenkungsserie der EZB. Insofern liegt hier eine Ausnahme vor.

Dabei fiel der Leitzins der Fed von 2,25 % auf 0,25 %.

## Reaktionen der Börsen auf diese Zinssenkungsserie der Fed

So reagierten die Börsen auf diese Zinssenkungsserie:

|  | DAX | MDAX | Dow Jones | S&P 500 | Nasdaq 100 |
|---|---|---|---|---|---|
| Jahr 2019 | 25,48% | 31,15% | 22,34% | 28,88% | 37,96% |
| Jahr 2020 | 3,55% | 8,77% | 7,25% | 16,26% | 47,58% |

*Tabelle 33 Reaktionen der Aktienbörsen auf 4 Zinssenkungen der Fed*

Auch diese Zinssenkungsserie der Fed führte zu signifikanten Kursgewinnen. Im Jahr 2020 war übrigens der weltweite Corona Crash[2].

Aus der obigen Tabelle lässt sich erkennen, dass sich die Aktienbörsen bis zum Ende des Jahres 2020 von dem Corona Crash gut erholt hatten.

## Fazit zu den Beispielen der Zinssenkungsserien der FED

War eine Zinssenkungsserie der Fed mit einer länger anhaltenden Katastrophe verbunden, rauas B. das Platzen der Dotcom-Blase im März 2002 oder der Finanzkrise 2008/2009, führen die Zinssenkungen der Fed nicht zu Kursgewinnen der Aktienbörsen.

Auch wenn die Zinssenkungsserien gestartet werden, um eine bestehende Rezession abzumildern oder die Zinssenkungen zu spät erfolgen, um eine Rezession abzuwenden, kommt es in der Regel nicht zu Kursgewinnen an den Aktienbörsen.

Zum Zeitpunkt der Veröffentlichung des Buchs war weder eine Katastrophe noch eine Rezession erkennbar. Daher stehen die Chancen nicht schlecht, dass die im Jahr 2024 gestarteten Zinssenkungsserien der Fed zu Kursgewinnen der Aktienbörsen führen können.

## Nervöses, ängstliches und hoffnungsvolles Warten auf Zinssenkungen der Fed

## Die US-Erzeugerpreise steigen etwas stärker als erwartet
Am 16. Februar 2024 wurde bekanntgegeben, dass die US-Erzeugerpreise Im Januar 2024 stärker gestiegen waren als erwartet.

Die US-Erzeugerpreise erhöhten sich nämlich im Januar 2024 gegenüber dem Vormonat um 0,3 %, erwartet worden war aber ein Preisanstieg nur von 0,1 %.

---

[2] Siehe Buch „Der Corona Crash" von Klaus Normal

<u>So reagierten die Aktienbörsen auf diese Nachricht:</u>

|  | DAX | MDAX | Dow Jones | S&P 500 | Nasdaq 100 |
|---|---|---|---|---|---|
| 15.2.2024 Tagesendstand | 17.037 | 26.095 | 38.797 | 5.021 | 17.882 |
| Tagestiefpunkt 16.2.2024 | 16.831 | 25.562 | 38.046 | 4.920 | 17.478 |
| **Verlust in %** | **-1,2 %** | **-2,04 %** | **-1,94 %** | **-2,01 %** | **-2,59** |

*Tabelle 34 US-Erzeugerpreise höher als erwartet - Kursverluste*

Spätestens 3 Handelstage später, am 22. Februar 2022, war bei allen o. g. Aktienbörsenindices diese kleine Kursdelle ausgebeult. Es hatte sich also nicht gelohnt, wegen der stärker als erwartet gestiegenen US-Erzeugerpreise ETFs auf die Börsenindices zu verkaufen.

|  | DAX | MDAX | Dow Jones | S&P 500 | Nasdaq 100 |
|---|---|---|---|---|---|
| 16.2.2024 Tagesendstand | 16.880 | 25.724 | 38.272 | 4.953 | 17.600 |
| 22.2.2024 Tagesendstand | 17.370 | 26.174 | 39.069 | 5.087 | 18.004 |

*Tabelle 35 US-Erzeugerpreise höher als erwartet - keine dauerhaften Kursverluste*

<u>Die US-Verbraucherpreise steigen etwas stärker als erwartet</u>

Am 10. April 2024 wurde bekanntgegeben, dass im März 2024 die US-Verbraucherpreise stärker als erwartet gestiegen waren.

Die US-Verbraucherpreise erhöhten sich nämlich gegenüber dem Vorjahresmonat um 3,5 Prozent, erwartet war aber ein Preisanstieg nur von 3,4 %. Im Februar 2024 betrug dieser Wert nur 3,2 %.

Im Monatsvergleich kletterten die US-Verbraucherpreise um 0,4 %, erwartet worden war nur ein Anstieg von 0,3 %.

<u>So reagierten die Aktienbörsen auf diese Nachrichten:</u>

|  | DAX | MDAX | Dow Jones | S&P 500 | Nasdaq 100 |
|---|---|---|---|---|---|
| 9.4.24 Tagesendstand | 18.076 | 27.072 | 38.883 | 5.209 | 18.169 |
| 10.4.24 Tagestiefpunkt | 17.975 | 26.723 | 38.308 | 5.138 | 17.932 |
| **Verlust in %** | **-0,56** | **-1,29** | **-1,48** | **-1,36** | **-1,3** |

*Tabelle 36 US-Verbraucherpreise höher als erwartet - Kursverluste*

Die Aktienbörsenverluste waren geringer als die Aktienbörsenverluste bei dem unerwartet starken Anstieg der US-Erzeugerpreise.

Aber im Vergleich zu dem unerwartet starken Anstieg der US-Erzeugerpreise dauerte es wesentlich länger bis sich Aktienbörsen von dem unerwartet starken Anstieg der US-Verbraucherpreise erholten.

|  | DAX | MDAX | Dow Jones | S&P 500 | Nasdaq 100 |
|---|---|---|---|---|---|
| 9.4.2024 Tagesendstand | 18.076 | 27.072 | 38.883 | 5.209 | 18.169 |
| Tagesendstand Am: | 18.097 10. April 2024 | 27.279 14. Mai 2024 | 38.884 7. Mai 2024 | 5.214 9. Mai 2024 | 18.307 11. April 2024 |

*Tabelle 37 US-Verbraucherpreise höher als erwartet - Kursverluste circa 1 Monat lang*

<u>Wenn die Hoffnungen auf Zinssenkungen der Fed zerstört werden</u>

Am 5. April 2024 schockierte das Fed-Mitglied Kashkari, der regionale Notenbankpräsident von Minneapolis, die Anleger, indem er auf die Möglichkeit hinwies, dass es im Jahr 2024 keine Zinssenkung der Fed geben könnte.

Sinngemäß sagte er Folgendes:

Die Preisentwicklung im Januar und Februar sei etwas beunruhigend gewesen. Er müsse mehr Fortschritte bei der Inflation sehen, um Vertrauen zu haben, dass sich die Entwicklung dem Ziel der US-Notenbank von zwei Prozent nähere. Dann erst könne man mit Zinssenkungen beginnen. Falls der Fortschritt bei der Inflationssenkung ins Stocken gerate, könnte im laufenden Jahr womöglich doch keine Zinssenkung nötig sein.

<u>So reagierten die Aktienbörsen auf diese Vermutung:</u>

So reagierten die US-Aktienbörsen am 4. April 2024 und die deutschen Aktienbörsen am 5. April 2024 auf die Vermutung, dass es möglicherweise im Jahr 2024 keine Zinssenkung der Fed geben könnte.

|  | Dax | MDAX | Dow Jones | S&P 500 | Nasdaq 100 |
|---|---|---|---|---|---|
| Tageshöchststand 3./4 April 2024 | 18.427 | 27.292 | 39.289 | 5.228 | 18.362 |
| Tagestiefststände 4./5 April 2024 | 18.088 | 26.839 | 38.587 | 5.146 | 17.878 |
| Kursverluste | **-1,84 %** | **-1.66 %** | **-1,84 %** | **-2,09 %** | **-2,64 %** |

*Tabelle 38 Reaktionen der Aktienbörsen auf eventuell ausbleibende Zinssenkung der Fed*

Wie Sie sehen, wirkte die Vermutung des Notenbankpräsidenten von Minneapolis wie eine Drohung.

Da die deutschen Aktienbörsen wegen der Zeitverschiebung zeitverzögert reagierten, sind für die deutschen Aktienbörsen die Tagestiefststände vom 5. April 2024 in der Tabelle oben angegeben. Während hingegen für die US-Aktienbörsen die Tagestiefstände vom 4. April 2024 genannt sind.

Die Tageshöchststände werden genannt, damit Sie sehen können, von welchem Niveau aus, die Kurse nach unten gefallen waren.

Was sie aus der obigen Tabelle nicht erkennen können, dass der DAX am 4. April in rund 2 Stunden fast 600 Punkte verlor.

Es gab also auch Kursverluste bei DAX und MDAX, obwohl es sich um mögliche, unterlassene Zinssenkungen der Fed und nicht der EZB handelt. Das zeigt den Einfluss der Fed auf die deutschen Aktienmärkte. So gesehen – kann man unter

Beachtung des Währungsrisikos – auch ETFs auf die US-Aktienbörsen kaufen. Zumal bei den US-Aktienbörsen die Kursgewinne in der Regel höher sind als bei DAX und MDAX.[3]

Die Tageshöchststände vom 3./4. April 2024 wurden auf Schlusskursbasis alle bis spätestens zum 15.5.2024 übertroffen. Der Schock war also nach spätestens rund 6 Wochen vorbei.

Wer am 3./4. April 2024 einen ETF auf einen der Aktienbörsenindices verkauft hatte und bis ungefähr zum 15.5.2024 nicht als Käufer zurückkehrte, hatte also mit Zitronen gehandelt.

<u>Die US-Erzeugerpreise steigen etwas weniger stark als erwartet</u>

Die Erzeugerpreise gelten als Vorstufe für die Verbraucherpreise.

Am 13.8.2024 wurde bekannt gegeben, dass die US-Erzeugerpreise im Juli 202r4 weniger stark gestiegen waren, als erwartet. Die US-Erzeugerpreise waren im Vergleich zum Vorjahr um 2,2 % gestiegen, erwartet worden ein Anstieg von 2,3 %. Im Vergleich zum Vormonat ergab sich ein Zuwachs von nur 0,1 %, erwartet waren war aber ein Zuwachs von 0,2 %.

<u>So reagierten die Aktienbörsen auf diese Nachricht:</u>

Wegen der dadurch geschürten Zinshoffnungen reagierten die Aktienbörsen wie folgt:

| | DAX | MDAX | Dow Jones | S&P 500 | Nasdaq 100 |
|---|---|---|---|---|---|
| Kursgewinne 13.8.2024 | +0,48% | +1,12% | +1,04% | +1.68% | +2,50% |

*Tabelle 39 Kursgewinne der Aktienbörsen wegen niedrigerer US-Erzeugerpreise als erwartet*

---

[3] Siehe 2. Auflage Buch „Aktienspekulationen" von Klaus Normal

Die Anleger waren also der Ansicht, dass durch diese Nachrichten die Fed einen größeren Spielraum für Zinssenkungen erhalten hatte.

<u>US-Verbraucherpreise steigen etwas weniger</u>

Am 15. Mai 2024 wurde bekanntgeben, dass im April die US-Verbraucherpreise im Vergleich zum Vorjahresmonat nur um 3,4 % gestiegen waren, so wie die Experten das erwartet hatten. Im März 2024 lag dieser Wert noch bei 3,5 %.

<u>So reagierten die Aktienbörsen auf diese Nachricht vom 15.5.24:</u>

| | DAX | MDAX | Dow Jones | S&P 500 | Nasdaq 100 |
|---|---|---|---|---|---|
| Kursgewinne 15.5.2024 | +0,82% | +0,57% | +0,88% | +0,86% | +1,49% |

*Tabelle 40 Reaktionen der Aktienbörsen – US-Verbraucherpreise steigen etwas weniger*

Dieser Trend hielt im Mai 2024 an. Denn am 12. Juni 2024 wurde bekanntgegeben, dass im Mai 2024 die US- Verbraucherpreisen nur um 3,3 % gegenüber dem Vorjahresmonat zugelegt hatten, so wie die Experten das erwartet hatten. Im April 2024 lag dieser Wert, wie bereits oben noch bei 3,5 %.

<u>So reagierten die Aktienbörsen auf diese Nachricht vom 12.6.24:</u>

| | DAX | MDAX | Dow Jones | S&P 500 | Nasdaq 100 |
|---|---|---|---|---|---|
| Kursveränderungen 12.6.2024 | +1,42 % | +0,85 % | -0,09 % | 0,22 % | 1,33 % |

*Tabelle 41 Reaktionen der Aktienbörsen - US-Verbraucherpreise steigen erneut etwas weniger*

Wie Sie an den beiden Tabellen oben erkennen können, honorieren die Börsen es, wenn die Inflation auch nur ein bisschen nachlässt. Da dadurch die Wahrscheinlichkeit größer wird, dass die Fed den Leitzins senkt.

<u>Die US-Inflationsrate liegt etwas unter den Erwartungen</u>

Am 14. August 2024 wurde bekanntgegeben, dass die US-Inflation im Juli 2024 etwas unter den Erwartungen lag.

Die US-Erzeugerpreise waren im Vergleich zum Vorjahr um 2,9 % gestiegen, erwartet worden ein Anstieg von 3,0 %. Im Vergleich zum Vormonat ergab sich ein Zuwachs von 0,2 %, der im Rahmen der Erwartungen lag. Die US-Inflationsrate fiel damit den vierten Monat in Folge.

<u>So reagierten die Aktienbörsen auf diese Nachricht:</u>

Wegen der dadurch geschürten Zinshoffnungen reagierten die Aktienbörsen wie folgt:

|  | DAX | MDAX | Dow Jones | S&P 500 | Nasdaq 100 |
|---|---|---|---|---|---|
| Kursgewinne 14.8.2024 | +0,41% | +0,38% | +0.61% | +0.38% | +0.09% |

*Tabelle 42 US-Inflationsrate liegt etwas unter den Erwartungen - Kursgewinne*

Bemerkenswert ist die Tatsache, dass die Kursanstiege geringer sind als bei der Nachricht über den geringeren Anstieg der US-Erzeugerpreise.

Umgekehrt war es auch so, dass die Aktienbörsenverluste bei einem unerwartet starken Anstieg der US-Verbraucherpreise geringer waren als die Aktienbörsenverluste bei dem unerwartet starken Anstieg der US-Erzeugerpreise (siehe oben).

Nachrichten über US-Erzeugerpreise hatten im Jahr 2024 auf die Aktienbörsen einen größeren Einfluss als Nachrichten über US-Verbraucherpreise oder die US-Inflation. Es ist aber schwierig, daraus eine Regel abzuleiten. Führen die Nachrichten über die US-Erzeugerpreise dazu, dass man ähnliches von der Entwicklung der US-Verbraucherpreise und der US-Inflation erwartet?

<u>Angst vor einer Rezession in den USA und in Deutschland</u>

<u>Gründe für die Aktienbörsenverluste am 1. August 2024</u>

<u>Deutschland</u>

Am Dienstag den 30. Juli 2024 wurde bekanntgegeben, dass das deutsche Bruttoinlandsprodukt (BIP) im 2. Quartal 2024 gegenüber dem 1. Quartal 2024 –

preis-, saison- und kalenderbereinigt – um 0,1 % gesunken war, nachdem es im 1. Quartal 2024 mit +0,2 % noch leicht gestiegen war.

Diese Tatsache überraschte sowohl die Börsianer als auch die Ökonomen. Hauptsächlich verantwortlich für diese böse Überraschung waren die unterbliebenen Investitionen der Unternehmen.

Es dauerte bis zum Donnerstag, dem 1. August 2024, bis sich diese Nachricht negativ an den deutschen Aktienbörsen bemerkbar machte.

## USA

Ein Indikator des Institutes for Supply Management zeigte am 1.8.2024, dass im vergangenen Monat, dem Juli 2024, die Auftragseingänge im verarbeitenden Gewerbe zurückgegangen waren. Auch die Bauausgaben waren gesunken. Zudem war in der vergangenen Woche die Zahl der Erstanträge auf Arbeitslosenhilfe auf ein Jahreshoch gestiegen.

## Gründe für die Aktienbörsenverluste am 2. August 2024

## USA

Die Gründe für die Aktienbörsenverluste am Freitag, den 2. August 2024 in einem Satz:

Unerwartet hohe Arbeitslosigkeit, weniger neue Stellen als prognostiziert und die Arbeitslöhne stiegen nicht so stark, wie erwartet.

Im Einzelnen:

In den USA stieg die Arbeitslosenquote auf 4,3 % (Prognose war 4,1%) war damit so hoch wie seit fast 3 Jahren nicht mehr.

Es wurden für Juli 2024 nur 114.000 neue Stellen gemeldet, prognostiziert waren aber 176.000 Stellen. Für Juni 2024 waren 179.000 neue Stellen gemeldet worden.

Die US-Stundenlöhne stiegen mit +0,2 % zum Vormonat, erwartet worden war ein Anstieg von 0,3 %.

### Japan und USA

Am 5. August 2024, einem Montag, hatte der Nikkei 225 mit minus 12,4 % den größten Tagesverlust seit dem 19. Oktober 1987, dem sog. „Schwarzen Montag" erlitten. Der größte prozentuale Verlust seit fast 37 Jahren ereignete sich ebenfalls an einem Montag. Mit 4.451,28 Punkten war das sogar der größte Verlust in Punkten in der gesamten Geschichte des Nikkei 225.

Wer sich den Kurs des Nikkei 225 (und damit seinen Tagesverlust) morgens um 8 Uhr am 5. August 2024 angesehen hatte, bevor die deutschen und US-amerikanischen Aktienbörsen geöffnet hatten, wusste mit hoher Wahrscheinlichkeit, dass diese Aktienbörsen nicht mit einem kleinen Tageverlust von nur einem Prozent am 5. August 2024 schließen würden. So war es dann auch.

Für den Kurssturz des Nikkei 225 wurden weniger die US-Konjunkturdaten (siehe oben), sondern Verluste mit Carry Trades verantwortlich gemacht.

Viele Anleger hatten niedrig verzinste Kredite in Yen aufgenommen, um mit dem geliehenen Geld u. a. US Tech-Aktien in USD zu kaufen. Dabei dienten die Wertpapiere als Sicherheit für die YEN-Kredite.

Die japanische Notenbank hatte am 31.7.2024 überraschend die Zinsen erhöht und weitere Zinserhöhungen in Aussicht gestellt. Daraufhin stieg der Yen in der Spitze bis zu 5 % gegenüber dem USD. Letztendlich stieg der Yen gegenüber dem USD am 31.7.2024 um 2,27 %. Die Rückzahlung der Yen-Kredite wurde dadurch teurer. Was den Wert der Sicherheiten verringerte. Gleichzeitig wurde der Wert der Sicherheiten auch wegen der Kursverluste der Wertpapiere reduziert.

Die Kreditgeber mussten wegen des Wertverlustes der Sicherheiten weitere Sicherheiten hinterlegen. Da dafür Liquidität benötigt wurde, wurden Wertpapiere verkauft. Auch wurden Wertpapiere verkauft, damit die restlichen Wertpapiere ausreichend als Sicherheit dienen konnten. Dies führte zu weiteren Kursverlusten der Wertpapiere.

Zudem wurde viele carry Trades durch den Kursanstieg des Yens unrentabel oder wären bei weiteren Zinserhöhungen unrentabel geworden. Auch deswegen wurden am 5.8. 2024 Carry Trades aufgelöst.

Trotz des Absturzes des Nikkei 225 am 5. August 2024 mit minus 12,4 %, ergab sich letztendlich für den Nikkei 225 im August 2024 nur ein Monatsverlust von 1,16%.

<u>Auswirkungen der Rezessionsängste und der japanischen Zinserhöhungen auf die Aktienbörsen</u>

|  | DAX | MDAX | Dow Jones | S&P 500 | Nasdaq 100 | Nikkei 225 |
|---|---|---|---|---|---|---|
| 1.8.2024 | -2,30% | -1,60% | -1,21% | -1,37% | -2,44% | -2.49% |
| 2.8.2024 | -2,33% | -1,63% | -1,51% | -1,84% | -2,38% | -5.81% |
| 5.8.2024 | -1,82% | -2,45% | -2,60% | -3,00% | -2,96% | -12.40% |

*Tabelle 43 Kursverluste wegen Rezessionsängsten und japanischer Zinserhöhungen*

Die -2,33 % des DAX am Freitag, dem 2. August 2024 waren bis dahin der größte Tagesverlust im Jahr 2024.

In der Woche des 2. August 2024 fiel der DAX um 4,1 %. Das war bis dahin der größte Wochenverlust des DAX im Jahr 2024.

Seit dem Corona-Crash aus dem Jahr 2020[4], war das der größte Verlust des DAX in 3 hintereinander folgenden Tagen. Daran kann man sehen, wie ungewöhnlich schnell der DAX abtauchte.

Doch nach dem Wochenende am Montag, dem 5.8.2024, kam es zu weiteren Kursverlusten. Der VIX, der Volatilitätsindex für den S&P 500 schoss daher am 5.8.2024 auf 65 hoch. Normal sind eher Werte für den VIX zwischen 15 und 20.

Das bedeutet auch, das der VIX nicht als Indikator benutzt werden kann[5]. Denn bereits einen Tag nach seinem Wert von 65 am 6.8.2024 stiegen der S&P 500 wieder und der VIX fiel. Man hatte also mit dem VIX bestenfalls eine

---

[4] Buch „Der Corona Crash" von Klaus Normal
[5] 2. Auflage Buch „Aktienspekulationen" von Klaus Normal

Rückwärtsbetrachtung. Den dass der S&P 500 Anfang August 2024 schnell und stark gefallen war, konnte man auch ohne Beobachtung des VIX feststellen.

Die Angst vor einer Rezession überschattete ganz klar, die durch die schlechten Konjunkturdaten erhöhten Zinssenkungserwartungen. Denn der S&P 500 steigt in den ersten 12 Monaten nach der ersten Zinssenkung der Fed im Durchschnitt nur dann um 17 %, wenn eine Rezession ausbleibt. So eine Analyse der UBS.

Am 3. August wurde übrigens bekannt, dass Buffet im zweiten Quartal 2024 circa 390 Millionen Apple-Aktien mit einem Wert rund 75,5 Mrd. USD) verkauft hatte. Damit hatte Buffet fast die Hälfte seiner Apple-Aktien verkauft. Das war kein gutes Omen für die US-amerikanischen Aktienbörsenindices.

|  | DAX | MDAX | Dow Jones | S&P 500 | Nasdaq 100 | Nikkei 225 |
|---|---|---|---|---|---|---|
| August 2024 | +2,15% | +1,30% | +1,76% | +2,28% | +1,10% | -1,16% |

*Tabelle 44 Kursverluste wegen Rezessionsängsten und jap. Zinserhöhungen fast ausnahmslos egalisiert*

Wie Sie sehen konnten trotzdem diese 6 Börsenindices ihre Kursverluste von Anfang August 2024 noch im Laufe des August 2024 wettmachen und beendeten, bis auf den Nikkei 225, den Monat August 2024 sogar mit einem Kursplus.

## <u>Gab es eine Vorfreude an den Aktienbörsen auf die erste Zinssenkung der Fed?</u>

Da die Aktienbörsen im Grunde genommen, auf die Zinssenkungssignale der EZB vom 21. März 2024 sehr verhalten reagiert hatten, und Nervosität und Ängste vorhanden waren, stellt sich die Frage, ob es dennoch eine Vorfreude an den Aktienbörsen auf die erste Zinssenkung der Fed gab?

Dabei wird der Zeitraum von dem Zinssenkungssignal am 21. März 2024 bis zu dem Tag vor der ersten Zinssenkung der Fed, dem 17. September 2024, betrachtet.

|  | DAX | MDAX | Dow Jones | S&P 500 | Nasdaq 100 |
|---|---|---|---|---|---|
| 21.3.24 Tagesendstand | 18.179 | 26.473 | 39.781 | 5.241 | 18.320 |
| 17.9.2024 Tagesendstand | 18.726 | 25.781 | 41.606 | 5.634 | 19.432 |
| Kursveränderung | +3,01% | -2,61% | +4,59% | +7,50% | +6,07% |

*Tabelle 45 teilweise Vorfreude an den Aktienbörsen auf die erste Zinssenkung der Fed*

Wenn man von einer Vorfreude reden möchte, kann man diese beim DAX, dem Dow Jones, dem S&P 500 und dem Nasdaq 100 erkennen. Hier sind die Kursgewinne für einen Zeitraum von rund 6 Monaten signifikant.

## Die Erwartungen der Experten Anfang 2024 bezüglich der Zinssenkungen der Fed

Anfang 2024 gingen die Experten für das Jahr 2024 von sechs Zinssenkungen in den USA von jeweils 0,25 Prozentpunkte aus.

Aber warum sollte eine Notenbank, wie die Fed, die Zinsen massiv senken, wenn Anfang 2024 die Inflation noch bei vier Prozent liegt und quasi Vollbeschäftigung in den USA herrscht? Daher hatte die Fed am 21. März 2024 nur 3 Zinssenkungen in Aussicht gestellt, wobei sie die Höhe der 3 Zinssenkungen offenließ.

## Die erste Zinssenkung der Fed am 18. September 2024

Seit dem 27. Juli 2023 hatte die Fed den Leitzins in einer Spanne von 5,25 bis 5 % belassen. Rund 14 Monate später entschloss sich die Fed erstmals, den Leitzins zu senken. Rund 14 Monate hatten die Anleger nervös auf die erste Zinssenkung der Fed gewartet.

Es war vorher klar, dass die Fed den Leitzins am 18. September 2024 senken würde. Unklar war allerdings, wie hoch die Zinssenkungen ausfallen würde. Die Hälfte der Experten ging von einer Zinssenkung von 0,25 % aus, die andere Hälfte der Experten vermutete eine große Zinssenkung von 0,5 %.

Tatsächlich senkte die Fed am 18. September 2024 den Leitzins von der Spanne von 5,25 bis 5,50 % auf 4,75 bis 5,00 %. Damit hatten die Experten recht behalten, die eine Leitzinssenkung der Fed um 0,5 % vorhergesagt hatten.

<u>Reaktionen der Aktienbörsen auf die erste Zinssenkung der Fed am 18. September 2024</u>

Die Reaktionen der Aktienbörsen auf eine Zinssenkung der Fed sind immer interessant. Insbesondere dann, wenn wie in diesem Fall, die Hälfte der Experten keine so hohe Zinssenkung der Fed erwartet hatte. Denn die große Zinssenkung der Fed könnte von den enttäuschten Experten dahingehend interpretiert werden, dass es der US-Wirtschaft schlechter geht, als bisher angenommen. Das wiederum führt zu Rezessionsängsten. Folgt man diesen Gedanken, dann hätten die Aktienbörsen negativ auf die große Zinssenkung der Fed reagieren müssen.

Für alle Leitzinssenkungen gilt: Ist die Leitzinssenkung mit einer Rezessionsangst verbunden, weil sich die Konjunktur abschwächt - ist bei rationalen Reaktionen – nicht mit steigenden Börsenkursen zu rechnen.

Da die Leitzinssenkung der Fed mit anschließender Pressekonferenz - wie üblich – am 18.9.2024 nach 20 Uhr deutscher Zeit erfolgte, werden die Kursveränderungen am 19.9.2024, also einen Tag nach der Zinssenkung, betrachtet.

| | DAX | MDAX | Dow Jones | S&P 500 | Nasdaq 100 |
|---|---|---|---|---|---|
| Kursveränderungen 19.9.2024 | +1,55% | +1,45% | +1,26% | +1.70% | +2,56% |
| Kursveränderungen 20.9.2024 | -1,49% | -1,35% | +0,09% | -0.19% | -0,24% |
| Kursveränderungen 23.9.2024 | +0,68% | +0,67% | +0,15% | +0.28% | +0,31% |

*Tabelle 46 Reaktionen der Aktienbörsen auf die erste Zinssenkung der Fed am 18. September 2024*

Wie Sie sehen, hatten die Aktienbörsen am 19. September 2024 sehr positiv auf die große Zinssenkung reagiert. Mit einem Schlusskurs von 19.002 Punkten erreichte der DAX am 19. September 2024 auf Schlusskursbasis ein neues Allzeithoch.

Allerdings waren die Kursgewinne an den deutschen Börsen nicht nachhaltig. Der positive Effekt der Zinssenkung der Fed verpuffte am nächsten Handelstag. Kein Wunder, denn am 20. September wurde bekannt, dass auch 2025 die Wirtschaft in Deutschland eventuell schrumpfen wird.

Die US- Börsen dagegen, hatten am 20. September 2024 zum Handelsschluss noch die Kurve bekommen und konnten daher die Kursgewinne vom 19. September weitestgehend konservieren. Auch das war keine Überraschung, da es für die US-Wirtschaft keine so düsteren Konjunkturprognosen wie für die deutsche Wirtschaft gab. Der Dow Jones schloss am 20. September 2024 sogar auf einem Allzeithoch von 40.063 Punkten.

Aber am 23. September 2024 legten alle Börsenkurse zu, so dass man doch nicht von einem Strohfeuer sprechen kann.

## Wie könnte es an den Aktienbörsen nach den ersten Zinssenkungen weitergehen?

Wie es an den Aktienbörsen weitergeht, weiß niemand genau. Es ist schon unklar, wann und wie viele weitere Zinssenkungen es von der EZB und von der Fed noch geben wird. Die Prognosen der Experten gehen hier auseinander.

Die Reaktionen der Aktienbörsen sind aber abhängig von den Zeitpunkten und der Anzahl weiterer Zinssenkungen und deren Umfang.

Wie das Buch zeigt, reagieren die Aktienbörsen meistens auf Zinserhöhungen und Zinssenkungen von EZB und Fed. Aber auch auf damit zusammenhängende Signale, Gerüchte und Erwartungen.

Ob wohl vieles unklar ist, versuche ich die Frage zu beantworten, wie es an den Aktienbörsen weitergehen könnte. Zudem gilt: Geschichte wiederholt sich nicht, aber sie reimt sich manchmal.

## Anzahl der Zinssenkungen pro Zinssenkungsserie

Wie bereits geschrieben: Geschichte wiederholt sich nicht, aber sie reimt sich manchmal.

Daher könnte die folgende Tabelle eine grobe Orientierung sein, wie viele Zinssenkung die EZB und die Fed bei der augenblicklichen Zinssenkungsserie eventuell noch durchführen.

| Fed | Zinssenkungszeitraum | Herabsetzung Zins | Anzahl Zinssenkungen |
|---|---|---|---|
| Fed | 3.1.2001 - 25.6.2003 | 6,5 % auf 1 % | 13 |
| EZB | 11.5.2001 - 6. Juni 2003 | 4,75 % auf 1 % | 6 |
| Fed | 18.9.2007 - 16.12.2008 | 5,25 % auf 0,25 % | 7 |
| EZB | 8.10.2008 - 13.5.2009 | 4,25 % auf 1 % | 7 |
| EZB | 13.7.2011 - 16.3.2016 | 1,5 % auf 0 % | 8 |
| Fed | 1.8.2019 - 16.3.2020 | 2,25 % auf 0,25 % | 4 |
| EZB | 6.6.2024 bis ? | 4,5 % auf ? | (bisher 1) ? |
| FED | 18.9.2024 bis ? | 5,25 - 5 % auf ? | (bisher 2) ? |

*Tabelle 47 Anzahl der Zinssenkungen pro Zinssenkungsserie*

## Prognosen für zukünftige Zinssenkungen der EZB

Andere Experten rechnen noch mit 2 weiteren Zinssenkungen der EZB. Im Jahr 2024 gibt es nur noch 2 Zinsentscheidungstermine der EZB. Nämlich am 17. Oktober 2024 und am 12. Dezember 2024.

Für das Jahr 2025 wird mit weiteren Zinssenkungen der EZB gerechnet, so dass Ende 2025 der Leitzins (Hauptrefinanzierungssatz) der EZB bei 2,5 % liegen könnte. Am 17. September 2024 vertrat das EZB-Ratsmitglied Kazaks explizit die Ansicht, dass bis Mitte 2025 der Einlagenzinssatz der EZB von jetzt 3,5% auf 2,5 % sinken wird.

Man wird sehen. Werden die Zinssenkungserwartungen nicht erfüllt, dürften die Börsenkurse wohl sinken.

## Prognosen für zukünftige Zinssenkungen der Fed

Die Mehrzahl der Experten rechnet bis Ende des Jahres 2024 noch mit weiteren Zinssenkungen der Fed in einer Gesamthöhe von 0,75 %. Obwohl es im Jahr 2024 nur noch 2 Zinsentscheidungstermine der Fed gibt. Nämlich am 6. November 2024 und am 18. Dezember 2024.

Für das Jahr 2025 werden weitere Zinssenkungen der Fed in einer Gesamthöhe von 1,25 % erwartet. Dann würde der Leitzins der Fed Ende 2025 unter 3 % liegen. Man wird sehen. Werden die Zinssenkungserwartungen nicht erfüllt, dürften die Aktienbörsenkurse wohl sinken.

## Entwicklung der Aktienbörsen im Jahr der ersten Zinssenkung

Da die erste Zinssenkung in den Jahren 1984 und 1998 erst gegen Jahresende durchgeführt wurde, wurde nicht das Jahr der ersten Zinssenkung herangezogen, sondern das Folgejahr. Das waren dann die Jahre 1985 und 1999.

| | erste Zinssenkung | Dax | Dow Jones | S&P 500 | Nasdaq 100 |
|---|---|---|---|---|---|
| Fed | 02.10.1984 | +66,43% (1985) | +27,66% (1985) | +26,33% (1985) | +21,81% (1985) |
| Fed | 03.07.1989 | +34,83% | +26,96% | +27,25% | +26,17% |
| Fed | 01.09.1995 | +6,99% | +33,45% | +34,11% | +42,54% |
| Fed | 01.12.1998 | 39,1% (1999) | +25,22% (1999) | +26,67% (1999) | +85,31% (1999) |
| Fed | 03.01.2001 | -19,79% | -7,10% | -13,04% | -32,65% |
| EZB | 11.05.2001 | -19,79% | -7,10% | -13,04% | -32,65% |
| Fed | 18.09.2007 | +22,29% | +6,43% | +3,53% | +18,67% |
| EZB | 08.10.2008 | -40,37% | -33,84% | -38,49% | -41,89% |
| EZB | 09.11.2011 | -14,69% | +5,53% | 0,00% | +2,70% |
| Fed | 01.08.2019 | +25,48% | +22,34% | +28,88% | +37,96% |

*Tabelle 48 Entwicklung der Aktienbörsen im Jahr der ersten Zinssenkung*

Aus der obigen Tabelle lassen sich diese Schlussfolgerungen ziehen:

Die 3 Zinssenkungen der EZB im Jahr 2011 haben die US-Börsen nicht interessiert.

Im Jahr 2007 hatte die Finanzkrise 2008/2009 noch nicht auf die Aktienbörsen durchgeschlagen. Im Jahr 2008 konnten wegen der weltweiten Finanzkrise trotz Zinssenkungen keine Kursgewinne erwartet werden. Gleiches gilt für das Jahr 2001, weil am 7. März 2001 die Dotcom-Blase zu platzen begann.

Die anderen Zinssenkungsserien der Fed führten nach der ersten Zinssenkung bei den US-Börsen zu Kursgewinnen von über 20 %. Bis auf eine Ausnahme war das auch beim DAX der Fall.

Zur Orientierung für die ersten Zinssenkungen im Jahr 2024 können insbesondere die Starts der Zinssenkungsserien am 2. Oktober 1984 und am 1. September 1995 herangezogen werden.

In beiden Fällen waren die Arbeitsmarktdaten in den USA stabil, es kam sogar noch zu Beschäftigungszuwächsen. Kurzum, eine Rezession blieb aus. Es gelang der Fed mit ihren Zinssenkungsserien eine weiche Landung der US-Wirtschaft.

Selbst der Beginn der Zinssenkungsserie der Fed vom 1.12.1998 führte zu Kurssteigerungen von über 20 %, obwohl die Long Term Capital Management Krise (LTCM 1998) und die Russlandkrise (1998/1999) zu verkraften waren.

Da zum Zeitpunkt der Veröffentlichung dieses Buchs keine Rezession in den USA erkennbar ist, stehen die Chancen nicht schlecht, dass die am 18. September 2024 von der Fed gestartete Zinssenkungsserie zu Kurszuwächsen bei den US-Börsen führen können.

Kritischer sieht es zum Zeitpunkt der Veröffentlichung dieses Buchs mit der Konjunktur in Deutschland aus. Im September 2024 sank der Ifo-Index für das verarbeitende Gewerbe auf den tiefsten Stand seit Juni 2020, als Deutschland sich mitten in der Coronapandemie befand. Die Wirtschaft in Deutschland wird 2024 und eventuell 2025 schrumpfen.

Trotzdem könnte es wegen der Zinssenkungsserie der EZB, die am 6. Juni 2024 begann, zu Kurszuwächsen bei DAX und MDAX kommen, schließlich sind die schlechten, deutschen Konjunkturdaten nicht mit dem Platzen der Dotcom-Blase (2000) und der weltweiten Finanzkrise (2008/2009) vergleichbar.

## Zinssenkungsserien und Tiefpunkte der Aktienbörsen

Wie bereits ausgeführt, gibt es keinen Automatismus zwischen Zinssenkungen und Börsenkurssteigerungen. Vielmehr können die Tiefpunkte der Aktienbörsen zeitlich sogar weit hinter der ersten Zinssenkung liegen. Hier 2 Beispiele:

Wegen des Platzens der Dotcom-Blase im März 2003 führte die Fed eine Zinssenkungsserie vom 3. Januar 2001 bis zum 25. Juni 2003 durch. Der DAX erreichte aber seinen Tiefpunkt erst am 12. März 2003. Bezieht man sich auf die Zinssenkungsserie der EZB vom 11. Mai 2001 bis zum 6. Juni 2003, ergibt sich kein anderes Bild.

So ähnlich war es auch mit den Zinssenkungsserien wegen der Finanzkrise 2008/2009. Die Fed senkte damals die Zinsen vom 18. September 2007 bis zum 16. Dezember 2008. Die Zinssenkungen der EZB fanden vom 8. Oktober 2008 bis zum 13. Mai 2009. Der Dax erreichte seinen Tiefpunkt am 6. März 2009. Das war so spät, dass die Zinssenkungsserie der Fed bereits beendet war und die Zinssenkungsserie der EZB fast beendet war.

Sind Zinssenkungen Notmaßnahmen, können die Tiefpunkte der Aktienbörsen am Ende der Zinssenkungsserie liegen.

## Geduld zahlt sich aus

Wie bereits im vorherigen Kapitel erwähnt, hatte der DAX Tiefpunkte am 12. März 2003 und am 6. März 2009. Wie die folgende Tabelle zeigt, stiegen danach die Börsenkurse stark an.

| | DAX | MDAX | Dow Jones | S&P 500 | Nasdaq 100 |
|---|---|---|---|---|---|
| 2003 | +37,08% | +47,75% | +25,32% | +26,38% | +49,12% |
| 2009 | +23,85% | +34,01% | +18,82% | +23,45% | +53,54% |

*Tabelle 49 beachtliche Kursgewinne nach lange erwarteten Tiefpunkten*

Das unlösbare Problem dabei ist, dass niemand vorher wusste, dass der DAX nach einer so langen Zeit der Kursrückgänge seine Tiefpunkte am 12. März 2003 und am 6. März 2009 erreichen wird. Gleiches gilt für die Tiefpunkte der anderen Börsenindices.

Wer aber auch nur grob den Tiefpunkt des jeweiligen Börsenindexes erwischte, konnte mit einem ETF auf den jeweiligen Börsenindex beachtliche Kursgewinne einfahren.

# Schlusswort

Wer will, kann Muster und Regeln[6] bei den Reaktionen der Aktienbörsen auf Zinserhöhungen und Zinssenkungen von Fed und EZB erkennen. Das passende Motto dafür würde lauten: Geschichte wiederholt sich nicht, aber sie reimt sich.

Wenn keine Rezession droht, sollte man nicht wegen möglicher Börsenkurssteigerungen warten, bis die erste Zinssenkung einer Zinssenkungsserie durchgeführt wird.

Wie die obigen Beispiele zeigen, können in diesen Fällen schon Zinssenkungssignale, geringere Inflationsraten als erwartet oder die bloße Vorfreude auf den Beginn einer Zinssenkungsserie die Börsenkurse steigen lassen. Aber selbst wer wartet, kann in vielen Fällen noch schöne Kurssteigerungen mitnehmen.

---

[6] Siehe andere Regeln und Muster in 2. Auflage Buch „Aktienspekulationen" von Klaus Normal

# Programme für Aktien und andere Wertpapiere

Programme für Aktien und andere Wertpapiere werden hier vorgestellt.

- http://www.itdoor.lu/software-fuer-aktien/

Mit über 280 Screenshots werden hier 3 kostenlose und 8 kostenpflichtige Programme vorgestellt.

# Literaturempfehlungen

**Aktienspekulationen (zweite Auflage)**: Mit Indikatoren, Mustern und Regeln Unsicherheiten in den Griff bekommen. Ein Buch auch für Kleinanleger. Mit rund 50 Beispielen und 74 Tabellen. ISBN-13: 978-3758381898

**Corona-Crash und Corona-Rally:** Dokumentation, Analyse und Zusammenhänge. Mit über 60 Tabellen. ISBN-13: 978-3754102541

**Der Corona Crash:** Dokumentation und Analyse - worauf man achten sollte. Mit über 20 Tabellen. ISBN-13: 978-3750434998

**Aktienspekulationen (erste Auflage):** Unsicherheiten in den Griff bekommen. Ein Buch auch für Kleinanleger. Mit über 80 Beispielen und über 30 Tabellen. ISBN-13: 9783749485802

# Haftungsausschlüsse

Da es sich hier um keine Dissertation handelt, wurde weitestgehend auf Quellenangaben verzichtet.

Soweit das Buch Links zu Webseiten Dritter enthält, wird für deren Inhalt keine rechtliche Verantwortung übernommen. Diese liegt allein bei den Anbietern, bzw. den Betreibern der betreffenden Seiten. Hiermit distanziere ich mich ausdrücklich von eventuell rechtswidrigen Inhalten aller verlinkten Seiten und übernehme hierfür auch keinerlei Gewähr.

Für die fortlaufende Richtigkeit, Vollständigkeit, Aktualität, Qualität sowie die ständige Verfügbarkeit der Links zu den genannten Webseiten wird keinerlei Gewähr übernommen.

Für Preisangaben und andere Konditionen wird keine Haftung übernommen. Diese Informationen können jederzeit geändert werden.

Für die Qualität der Bilder bzw. Abbildungen im Buch wird auch keine Haftung übernommen. In der dem Buch zu Grunde liegenden PDF-Datei sahen die Bilder in Ordnung aus.

Für Angaben über Aktienkurse, Kurse von Aktienbörsenindices, Statistiken etc. wird keine Haftung übernommen. Da Rechenfehler und Tippfehler schon mal vorkommen können, wird für die vielen Zahlen in diesem Buch keine Haftung übernommen.

Soweit sich das Buch auf Studien/Untersuchungen bezieht, wird für deren Richtigkeit und Vollständigkeit keine Haftung übernommen. Falls Anlageentscheidungen auf Grund dieses Buches getroffen werden, ist für den Erfolg oder Misserfolg dieser Anlageentscheidungen die Anlegerin oder der Anleger alleine verantwortlich. Folgerichtig gibt es in diesem Buch auch keine konkreten Empfehlungen für eine bestimmte Aktie oder einen bestimmten ETF oder ein bestimmtes Indexzertifikat. Denkanstöße sind keine Empfehlungen.

It-Door GmbH übernimmt keine Gewähr für die Aktualität, Korrektheit, Vollständigkeit oder Qualität der bereitgestellten Informationen. Haftungsansprüche gegen It-Door GmbH, welche sich auf Schäden materieller oder ideeller Art beziehen, die durch die Nutzung oder Nichtnutzung der dargebotenen Informationen bzw. durch die Nutzung fehlerhafter und unvollständiger Informationen verursacht wurden, sind grundsätzlich ausgeschlossen.

Impressum und Copyright

Bibliografische Information der Deutschen Nationalbibliothek:

Die Deutsche Nationalbibliothek verzeichnet diese Publikation in der Deutschen Nationalbibliografie; detaillierte bibliografische Daten sind im Internet über http://dnb.dnb.de abrufbar.